JN304575

遙かなる甲子園

大分県立日田三隈高校野球部

井上光成

海鳥社

遙かなる甲子園◉目次

二〇〇一年夏——投手交代

夏の甲子園出場を決める大分県大会が始まった。大分県立日田三隈高校は、前年の夏に大分県代表として甲子園へ行った中津工業高校と戦っている。しかし今年の中津工業はシード校になっていない。四年前の日田三隈ならどこの学校と当たっても勝てる要素は全くなかったが、今はたとえシード校であっても、堂々と戦えるだけの力はついている。

中津工業といえども同じ高校生だ。確実なプレーを続ければ、日田三隈にも勝機はある。それに今年の日田三隈は、去年から比べても格段にレベルを上げた。周囲の評価ほど力の差はない。何より、今グラウンドで戦っている当事者たちが勝利の可能性を信じている。

試合は六回表まで進んだ。リードされているが、まだ諦める場面ではない。しかし日田三隈のエースで三年生の湯浅は、もう限界だ。表情を変えずに淡々と投げているが、握力が弱りコントロールがままならなくなっている。ピッチャー交代は必然だろう。

監督は選択を迫られた。今年は新しい継投パターンが定着している。湯浅から一年生の江藤に繋ぎ、最後を菅原に任せる形だ。菅原は三年生でキャプテンを務めている。彼に任せれば、チームの形として納得がいく。普段通りの継投策を採るか、それとも江藤を飛ばしていきなり菅原に命運を賭けるべきか。

今年の三月までなら、ここで迷わず菅原を出しただろう。しかし四月に江藤が入部してからチームが変わった。彼の能力はずば抜けている。日田三隈クラスのチームなら、いきなりエースで四番を任せてもなんら不自然ではない。監督は江藤を中継ぎで使いながら練習試合を重ね、考えられる最強のパターンを確立してこの大舞台に臨んでいる。江藤を活用しない手はない。しかし監督は思った。

「去年の夏から湯浅と菅原の二人で投げてきた。だから、最後の大会で江藤を使わずに菅原を出してもいいじゃないか。キャプテンを出せばみんな納得する。最悪の結果が出ても、高校野球ならそれでいい」

ただし二カ月前からチームの定石が変わっている。今のチームは中継ぎに江藤を出すのが常道だ。試合では、勝つために最善を尽くすのが監督の仕事である。粋がってキャプテンと心中する道を選ぶよりも、自然体で采配した方が選手たちが落ち着くかもしれない。しかも菅原の球威が保たれるのは最長二イニングだ。先が長すぎる。

三年生と一緒に取り組んできた「絆の野球」を貫くのか、大会前に作り上げたチームの正道を歩むべきか。監督に、悩む時間は充分あった。本当は湯浅が二球を投げる程度の時間だったろうが、アンパイアに告げるピッチャーの名前は頭の中で何度も行き来して、最後に悔いのない結論があぶり出された。

監督はコーチからグラウンドへと目をやり、ベンチの中ですっくと立った。

ピッチャー交代を告げる大塚和彦監督

日田三隈高校野球部

一九九七年四月

大分県日田市は九州北部の山懐に抱かれた盆地である。林業が盛んで、銘木「日田杉」は全国に名を馳せ、杉の原木の取り扱い量は全国一を誇っている。また木立の湿気を利用して椎茸の栽培も盛んだ。九州の屋根である久重山地に降った雨は三隈川となって日田市の中央を流れる。川藻を食みながら成長し、夏には身を躍らせて飛び跳ねる若鮎のように、その町では多くの高校球児たちが育っている。

大塚和彦は一九九七年四月、大分県立日田三隈高校に赴任した。

彼の母校は別府市にある羽室台《はむろだい》高校だが、この学校は大塚が日本体育大学野球部二年生の時に甲子園初出場を果たしている。大学の休みで故郷に戻るたびに、大塚は母校を訪れ練習を手伝った。野球の強豪校でレベルの高い技術と理論を取り込みながら、やがて教職に就いて高校野球の指導者になりたいと考えていた。

大学卒業後、彼は体育教員として羽室台高校に赴任する幸運に恵まれる。この野球部で二年間コーチを経験しながら指導のノウハウを蓄積し、その後四年間、普通校と養護学校で勤務した後、いよいよ戦の頭領として日田三隈高校野球部に入城した。そのはずだった。

「公立校だから野球部くらいあるだろう」と思って来たら茫然自失。グラウンドは腰の高さまでの雑草が生い茂り原野と化している。以前野球部があるにはあったが、三年前から休部状態だったのだ。

この学校は一九六四年に開校した当時、商業科と家政科だけの女子高校だった。一九八三年春、普通科を加えて名称を日田三隈高校と変えたが、いかんせん女の園の歴史はそう簡単には払拭出来ない。大塚がやって来た一九九七年当時でも、一学年二〇〇人のうち男子はわずか二十五人程度。そのパイを陸上部、卓球部とバスケット同好会で分け合う。無論、全員がスポーツ部に入るわけではない。

日田地区には日田三隈を含めて野球部が四校あり、甲子園出場四回を誇る日田林工高校の他、日田高校、籐蔭高校の三校すべてに甲子園出場経験がある。日田市から甲子園に行っていないのは日田三隈だけだ。中学校で野球に親しんだ少年は、弱小で女子校のイメージが強い日田三隈は志望しない。親の希望も、息子をたくましく育てたいということもあり、実力のある野球少年はまず日田三隈に来ないと考えていい。

大塚が校門をくぐった時、この学校には野球そのものが存在していなかったのだ。それでも大塚は野球をやりたかった。決意を固めて校長に談判し野球部の復活を認めてもらった。実際は「手作りも面白いか」と気楽な面もあった。九人の男子を集めることが、まず最大の難関だった。旗揚げすると、特別な目的もなく四人の部員がやって来た。そしてまず、彼らと一緒に草刈りから始めたのである。

当時二年生の長澤崇は、校則に抵触しない程度の茶髪で長髪だった。

「体でも動かしてみようと思って入ってみたんですけど」

髪は大塚に言われて黒く戻した。ただ新監督としては、いきなり締めつけて退部されたら困ると思い、長髪だけは黙認した。

「あれがあいつのポリシーらしいんですよ」

帽子の裾から茶色がかった髪がなびく。妥協の産物、ライオン丸の誕生だ。

同級生の穴見保信も素人だった。

「僕はもちろん、誰もボールを握ったことはありませんでしたよ」

二人を中心にして、軽い気持ちで野球のボールを追う同好会が発足した。しかし大塚は本気で野球部の再構築を考え、着々と準備を進めた。

その年の夏、大塚は甲子園予選となる大分県大会の開会式に四人の部員を連れて行った。

野球に青春を賭けた同年代の高校生が、真っ新のユニフォームに身を包んで入場行進を見せている。大塚ら日田三隈高校野球部は五人でスタンドに座り、彼らの晴れの舞台を見ていた。入場行進は誰でも出来る、野球青年の勲章だ。その光景を前に、長澤も穴見も「出てみたいな」と思うようになっていた。大塚の戦略が功を奏したのだ。

「最初は退屈していたように見えたけど、そのうち、やってみようかなという気になったみたいでしたね」

最初の四人を引きつけることに成功した。

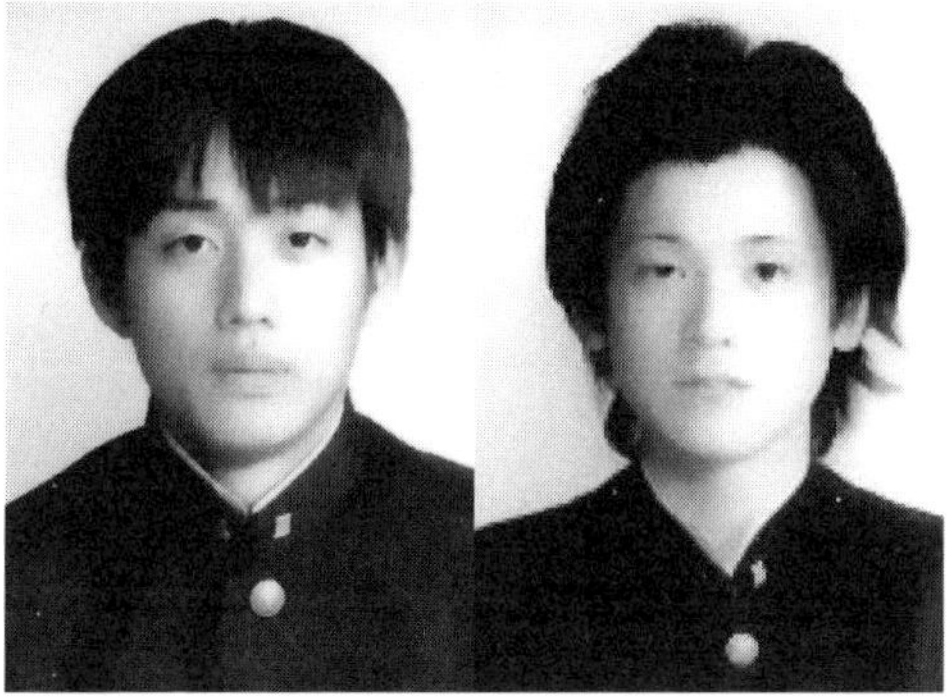

創部当時の中心メンバー、穴見君（左）と長澤君（右）

日本記録三十二連敗

この野球部、堂々たる日本記録更新中だ。

高校野球は三年生が引退した秋の大会からチーム作りに入る。この大会は春の選抜甲子園大会予選の性格を持っているが、作ったばかりのチームなので完成度が低い。

一年生は入部して五カ月しかたっていないので、監督の理念に沿ったプレーが出来るセンスを持たないとレギュラーになれない。いきおい選手層が厚くて経験者の多いチームが有利になる。加えて選抜なので、必ずしも地方大会上位のチームが甲子園に出るとは限らない。まだ成長途上のチームが戦うのが秋の大会だ。

その点、夏の予選は監督が作り上げたチームの総決算といえる。選手を手塩にかけ、成長した選手を適材適所に配す。戦術はもちろんだが、監督の野球哲学に裏打ちされたチームカラーが色濃く現れるのが夏の大会である。しかも勝利のみが甲子園の出場権利となるために、後がない。野球に魅入られた青春の全てをボールとグラウンドにぶつけて結果を問うのが、夏の予選といえる。高校球児にとって、最上であり最後の夏である。

その夏の予選で日田三隈高校は、二〇〇〇年現在、三十二年間敗北を続けていた。途中の四大会を休部のために出場していないが、これも立派な不戦敗なので三十二連敗である。

二〇〇〇年夏の予選で、奈良県の御所東高校が5対4で辛勝し、当時日本一の三十二年間連敗に終止符を打った。そこでトップに躍り出たのが日田三隈である。つまり、チーム総仕上げの夏に最も勝てない伝統を持つチームが、日田三隈高校野球部なのである。この弱小チームが勝利に向かって第一歩を踏み出した。いや、まだ勝利の可能性を探り始めたに過ぎない。

大塚自身も敗者である。

彼は羽室台高校二年生の時、夏の大分県大会ベスト四まで勝ち進んでいる。彼の目には甲子園が見えていた。翌年も相変わらず強豪校の毎日は猛練習だ。とにかく連日しごかれた。三年生になった大塚は、「最後の夏」が近づくにつれて戦いへの意欲が高揚するのと同時に、「夏が終われば楽になるなあ」という不謹慎な感情が顔をのぞかせていたことを憶えている。一刻も早く、この苦しい境遇から逃げ出したいと思うほど追いつめられてこそ、負けた後の挫折にも大きな意味が生まれる。今になってそう思う。

大塚が三年生の夏、羽室台は下馬評も高く周囲からも大いに期待されたが、延長十五回に味方のエラーでサヨナラ負けを喫した。結果は初戦敗退であった。野球をやり遂げられなかった後悔で、心にぽっかりと穴が空いた。

エラーをした仲間に声をかけるのは辛かった。彼のせいで負けたとわかっていても、そう思うこと自体が罪のような気がした。延長になる前に勝負を決める場面もあった。そこで結果を出せなかった全員の敗北である。夏の怖さとあっけなさを思い知らされたこの体験は、後に大塚監督の指導哲学を形作ることになる。

「その一球で決まる。その一瞬を大事にしろ」は彼の口からよく出る台詞だ。しかし、そのような指導が出来るのはいつのことか。何しろ今の選手はノックさえ満足に受けられないのだ。彼らに目標を与えるとしたら、大会出場しかない。

大塚は他のクラブからのレンタルや移籍組を含めて頭数を揃え、出場の段取りを組んだ。そして九月秋、九州大会予選にノミネートを果たす。大塚監督としては初めての公式戦となった。そして日田三隈高校は四年ぶりに、公式戦のグラウンドへ復帰したのである。

チームがベンチ裏で準備をしていると、大分県高校野球連盟の会長がわざわざ彼らを訪ねて言葉をかけた。

「君たちは今から自分たちの野球を作ろうとしている。これからの日々を大事にしなさい」

涙が出そうだった。チームを作るために数合わせだけをして公式グラウンドにやって来た。そんな足手まといのようなチームを暖かく迎え、励ましてくれたことに、大塚は大きな喜びと充足感を味わった。

ようやく日田三隈高校野球部は表舞台に戻って来た。

試合は蒲江高校との対戦になった。そもそも野球の試合になっていない。日田三隈ナインは飛んできたボールを拾ってアウトを重ねることだけに追われた。強い打球はイレギュラーが怖くて自然に体がボールを避ける。選手は安全に捌けそうな打球だけを選んで、アウトを取っていった。試合は0対24で五回コールド負けに終わる。試合後大塚は、

「さばさばした気分だけど、こんな負け方はしたくないということは何度かありました」

と言った。

大塚は、自分の野球人生の中で、これほど手をこまねいたまま負けてしまった経験がない。高校、大学と数多くの敗北を体験したが、それは強豪チームの敗戦だった。負けに至る過程で、一球を巡るせめぎ合いや激しい肉体表現があり、敗北の体験は必ず次の勝利に繋がった。それに比べこの試合を率いていて、「どうやったらアウトが取れるんだろう、いつ終わるんだろう」という思いに支配されていた。

試合が終わってこの結果を受け入れようにも、大塚の頭の中にはこんな次元の低い野球を消化する酵素が準備されていなかったのである。漠然とした感想が滲み出る。

「これもひとつの野球なのかなあ」

負けを前提とした戦いがいつまで続くのか。疑問と焦燥感は限りなく広がっていった。

初めての夏に向けて

一九九八年四月、入学式前に新入生と父兄の登校日がある。大塚はこの日を逃すまいと思った。講堂では二〇〇名の新入生が、新たな人生のスタートに思いを巡らせている。しかし未だに女子校のイメージは強く、男子の新入生はわずか二十六名だった。

大塚は教頭の承諾を得て、会合が終わった後に新入男子生徒とその父兄に残ってもらった。策など労さずに正面切って訴えるしかない。

「すみません、ちょっと聞いてもらえますか。話というのは、端的に言うと、野球部にいかがですかということなんです。私の方針は、今、よく協調性がないとか、集中力、持続性が足りないと言われることに対して、野球を通じて教育出来ないかと思ってます。もしよろしければお願いいたします。お忙しいところ、すみませんでした」

その場で三人の希望者が申し出た。その後新たに三人の一年生が入部し、二、三年生の部員を加えると合計で十四名になった。試合が出来るのはもちろんだが、何より守備に就かせてのシートノックやシートバッティングなど、曲がりなりにも野球部らしい毎日の練習が出来るようになった。およそチームとしての格好はついたのである。

ひと月前の三月、今の二、三年生で春の九州大会予選にも何とか出場したが、やはり寄せ集めのチームでしかなく、上野丘高校に0対33で大敗している。チーム力は足踏み状態が続いていた。大塚は一年生が入って新チームが結成されると、意欲的に強化を図った。強豪校に頭を下げて合同練習をする算段をつけ、四月末の地区大会に臨もうとしていた。

公式戦に出場するために奔走する監督と、受け身で野球に親しんでいる選手たちとの間に温度差があることを大塚は感じていたが、試合の日が近づくにつれ「肩が痛い」など不都合を訴える部員が続出して合同練習をキャンセルせざるを得なくなった。

情けなかった。しかし、それが野球部員の現実だった。

そして遂に試合前日の練習で監督がグラウンドに行くと、レギュラーが誰も出て来なかったのである。大塚は高野連に侘びを入れて、公式大会の「ドタキャン」を許してもらった。

その頃部員の間では、野球に本格的に取り組もうという大塚の方針に対する不満が募っていた。もともと野球で勝つために入部した部員はいない。「空いた時間にブラブラするよりも何かやった方がまし」といった程度の動機で野球に触れようとした生徒ばかりである。三年生になれば運動会や文化祭などの行事に、数少ない男子生徒が借り出される。そこは生徒にとって、大して好きでもない野球で、何かと強いられるグラウンドより、ずいぶん居心地のいい場所だった。まして強豪チームの前で恥をかくのは真っ平ごめんだ。一人の三年生が「辞めたい」と言い出し、それに同調した三年生の部員六人が全員退部したのだ。

その中に長澤もいた。

「生徒会役員をやっている部員が多くて、僕もですが、そっちが忙しいのでみんな辞めたんです。野球の魅力がそれほどなかったということだったかもしれません」

しかし彼は放課後、野球部の練習を眺めていた。試合の可能性のないまま、大塚は選手に向かってノックを繰り返していた。二年生も含めて合計七人脱退された大塚の落胆は言うまでもない。

「前から辞めたいという気持ちがあって、それがこの時期に一気に出たのかもしれません。何とか戻るかなという期待と、残った部員でスタートしようかと、揺れてます」

何より大塚が自信を失った。野球を通じて何らかの教育が出来ると信じてここまできた。下手くそで野球好きでないやつらに体当たりして、そこから何らかの結果が出ると思っていた。ところが、まず彼らを野球好きにすることさえ出来なかったのではないか。野球を強くすることに関しては、多少の自信はある。しかし、生徒を野球に触れさせ、ボールを追いかける喜びを味合わせてやることが、監督業の中で最も難しいことではないか。

入学式で、「野球を通じた教育を試みたい」と言った自分を恥じた。

しかし、考えている間に時は過ぎる。大塚は残った七人の部員で夏に向かうことを決めた。大会出場という目的のない練習が続いた。

ところがやがて、三人が復帰したのである。再入部したのは二年生一人に三年生の長澤と穴見だった。長澤は大塚と部員たちを見捨ててはいなかった。

「僕が戻れば試合が出来ると思ったんです。ずっと練習を見ていて、気になってました」

と長澤は言い、休部の間に大塚と話を重ねながら戻るべきかどうか揺れていた穴見は、カムバックを決心した気持ちをこう表現した。

「一生懸命することを体で教えてくれた監督にもう一度ついていこうと思ったんです。先生が大きな存在だと気づきました」

それからも以前のようにしごかれた。彼らはノックを浴びて這いつくばり、怒鳴られた。

「でも、戻ってからの練習はなぜか楽しかった」

と、二人は口を揃えた。

最初の夏、最後の夏

夏になった。

大会を目前にしても大塚はノックを打ち、選手は捕って投げる練習を繰り返した。そうしなければゲームが終わらないからだ。バッティング練習もやった。それは、振ったバットにボールが当たった驚きと飛んでいくボールを眺める爽快感によって、選手たちに元気がみなぎるからである。

大塚は緩いボールをバットの軌道に投げてやる。選手たちが「やった、出来た」と言う、その目の輝きを見るのがうれしかった。毎日野球をやっているのだが、大塚が学生時代に選手とした取り組んできた野球とは全てが違っていた。このグラウンドでは、監督と選手の間を飛び交うサインはなく、戦略も駆け引きも何もなかった。

しかし、こうやってボールを追いかけることが野球の原点だったはずだ。投げて打って走りたいために、野球というゲームが発明されたのかもしれない。勝ちを追い求めれば、選手たちは歯を食いしばり苦しそうな表情を見せる。大塚も学生の時はそんな野球を続けてきた。しかしそのスポーツとは明らかに違った野球が、ここにはある。

日田三隈で監督になった大塚は、この先、何を求めて指導すればいいのだろう。選手たちの喜びを追求し続けるのか、それともいずれ勝つために悩まざるを得ない日々が訪れるのだろうか。

日田は盆地で高温多湿である。日田三隈高校は高台に作られているが、周囲は豊かな緑に囲まれグラウンドには蚊が乱舞する。ここの蚊は暴力的なほどの攻撃力を持ち、その針はストッキングの上に履いた野球の分厚いソックスを貫通してまでスポーツマンの血液を吸い取る。

練習が終わると、選手たちはやぶ蚊に喰われながら、大塚を中心にこじんまりとした円を作った。体操座りをした選手たちは、監督の訓辞を聞く。

「試合まで一週間を切った。暑いからこそ、やるぞという気持ちを持って、着替えてグラウンドに出て来い。あとは、飯を腹一杯食え。いいか」

「オイ！」

一年三カ月の紆余曲折をへて、大塚と十人の部員は、ようやく夏の大会に辿り着いたのである。

七月十一日、高校野球の総決算、夏の甲子園を目指す大分県大会が始まった。選手たちは揃いのユニフォームに身を包んで開会式に臨む。他校のチームと比べ、ユニフォームの着こなしに明らかな差がある。一行はキャプテンの穴見を先頭に通路へ向かう。並んで待っていると、賑やかな行進曲が聞こえてきた。

入場行進が始まった。「三隈高校」のプラカードを先頭に、十人の生徒が足を揃えて進んで来る。数日前から学校のグラウンドで繰り返しこの行進を練習してきた。彼らにとって、今年は入場行進こそが晴れ舞台なのだ。

大会の主人公は高校生なので、監督はスタンドで見学することになっている。大塚はバックネット裏の中段あたりに座って教え子の晴れ舞台を見ている。去年、四人の部員と一緒にこのスタンドで入場行進を眺めた。あれから丸一年、野球はへたくそなくせに、あいつらが胸を張って行進している。やがて手塩にかけた子供たちがメインスタンドに向かって来る。肘を真っ直ぐに伸ばし膝を高く上げて、十人の手足が一分の隙もなく動いている。見事な入場行進だ。大塚は涙を拭った。

式典が終わって、彼の口調は清涼感に満ちていた。

「堂々としていた。百点満点をあげたい」

大会三日目、試合の日を迎えた。大塚にとって最初の夏だが、長澤と穴見には最後の試合になる。穴見の口調は吹っ切れたように明るい。

「悔いの残らない試合にしたいです」

長澤はまだ公式戦でヒットを一本も打っていない。訥々と言葉を繋いだ。

「ヒットをまだ打ったことがないので、打ちたいです」

試合を控えて、選手たちはベンチに通じる通路に座り、用具を点検している。キャプテンの穴見がうつむいてスパイクの紐を結び直している。先ほどの明るさは消えていた。キャプテンとしての責任から出た言葉だが、自分に言い聞かせるような口調で言った。

「声だけは負けめえや、ね。まじで」

大塚は試合の意味をこう言った。

「楽しみですね。練習の成果を見せたいのが一つと、二人の溌剌としたプレーを見てみたいなあ、というのがあります」

去年の秋の大会で惨敗を喫してからここまで、チームとして目覚ましい進歩は見られない。それに加えてチームは一度崩壊している。長澤や穴見が戻って再結成されるまでに、彼らは勝つとかスポーツを楽しむなどという目的を模索したのではない。まず、「野球をやるのか、やらないのか」という、チーム作り以前のテーマに対する回答が必要だった。そして三人の選手が「もう野球を一度やろう」と答えを出して集結したのがわずか二カ月前だったのだ。多少上達したとはいえ、成長を続ける他校との差は広がるばかりだ。

そんな日々の中で大塚は、「たとえどんな無様な試合をしても、選手たちがグラウンドに何かをぶっつけたなら、『よくやった』と全てが許される」という次元の野球を引き受けざるを得なかった。そして、約束された敗者の一人として選手たちと共にグラウンドに立ったのである。

これは指導者大塚にとって、野球の王道を歩んだ青春時代とは全く異質の、しかし間違いなく彼が現在辿っている野球人生のメインストリートである。

一回戦の相手は別府商業高校。甲子園出場経験がある名門だ。午後一時、プレイボールが宣告された。別府商にとっても負ければ後がない。いかに相手が弱かろうと、気を抜くことが許されない試合である。

試合は淡々と進んだ。別府商は初回から5点を挙げ、次の回も容赦なくダイヤモンドを駆けめぐる。そして日田三隈の攻撃の芽を粛々と摘み取った。別府商は四回までに20点、五回には一イニングで17得点を挙げた。日田三隈を蔑むことなく全力で得点を重ねた。甲子園出場校らしく、新参の日田三隈に対して野球の厳しさと奥深さをしっかりと伝える、見事な戦いぶりだった。

一方日田三隈の選手たちは、穴見と長澤を中心に大きな声をかけ合った。内野手は腰を落として確実にゴロを捕り、送球をファーストの長澤が捕球してアウトを取った。その時、ライトはバックアップに走っている。技術のレベルこそ高くないが、選手たちが声とプレーで繋り合ったチームが形作られていた。

試合は0対37で日田三隈の五回コールド負けに終わる。長澤の初安打はならなかった。被安打20、与四死球22、被盗塁29という記録を残して、新生日田三隈高校野球部の夏が閉じた。

約束された敗北

全国で一つの高校を除いて、全ての高校球児は敗北を味わう。夏の大会で負けた後、監督は敗者たちを前にして言葉をかけなければならない。敗北感に打ちひしがれ、すべてが終わったと承知している選手に何を言うのか。教育者に課せられた試練だ。

「最後までよう頑張ったと思う。穴見と長澤、一番声がよく聞こえたよ。途中いろいろあったけどもな、よく戻って来てくれたな」

と言うと、全員泣いている。大塚も一緒に泣いた。そして二人の三年生にもう一度言った。

「あれからチームがまとまった。長澤、穴見の声にみんなが励まされた。こんな暑い中で、終了のサイレンが鳴るまで、みんなよう頑張ったな。これから大きな自信にして欲しい」

選手たちにどういう評価を与えるのか。

「選手たちに悔しいという気持ちが出てきたのが、最後の涙だったかなと。やっぱりこの何カ月かで、かなり成長したと思います。開会式の時が百点だったので、今日は負けた分を差し引いても、一二〇点です」

最高の点数を与えた。しかし、差し引かなければもっといい点をあげられる。監督はやはり負けたくなかったのだ。

大塚は部員たちの将来について、「彼らには指導者になって欲しい」と言ったことがある。客観的に見て、野球の技術を生かして、これから先の人生を切り開くほど、彼らのレベルは高くない。それでも野球の体験を糧にした人間教育に関心を持ってくれたら、自分が注ぎ込んできた愛情が報われる気がする。

野球を旗印に職を得るほど図抜けた選手ではなかった大塚は、野球部監督として生きているわけではない。赴任した学校で野球をやっているに過ぎないのだ。単なる教員の身分で日田三隈高校に迎えられた大塚は、雑草生い茂るグラウンドに立って、自ら求めて野球を基礎にした教育者の道を選んだのである。そして試行錯誤の中から、若者の明日に繋がる何かを植えつけようとしている。

「こんなレベルだから、いくらやっても勝てないと思う時があります。でも、真面目にやったら報われるということを監督が信じていないと、選手は救われません。だから、必死に取り組んだ生徒がうまく出来た時には、『ほら、出来たじゃないか』とオーバーなほど誉めるんです」

選手を誉めるのは簡単かもしれないが、信じるのはそう容易なことではない。真面目に取り組んでいながらも野球の結果が出ない選手を、信じ続けることが出来るのか、大塚自身にも確信はない。

しかし彼らは必死にボールを追ってアウトを取った。いつもより何倍も大きな声を上げ、仲間を奮い立たせた。その報いが、負けることの悔しさを知ったことだ。貴重な財産を懐に抱いて悔し涙にくれている教え子たちを前にして、大塚は知った。信じること。彼の拠り所はそこにしかないということを。

苦闘、一九九九年

三年目、野球経験者の入部

一九九八年の夏が終わって三年生が引退すると、また人数不足になった。二年生ただ一人の部員、佐藤大作と一年生六名の部員を率いて大塚は野球に取り組んだ。一年生のうち三人は中学野球部出身だ。ようやく野球チームらしい練習が出来るようにはなったが、目標がない。ただ無意味にノックを繰り返しているような、やるせない気分だった。

新チームになってから、秋と翌年春の九州大会予選には出場出来ないまま、チームのレベルはまた振り出しに戻ったのである。

やはり男子生徒が一学年二十五人では、部員を集めようにも限度がある。この時の一年生樋口幸太郎は中学校の野球部をへて日田三隈に来た。しかし最初から野球をやるのが目的ではなく、また勉学の面でどうしてもこの学校でなければならない理由もなかった。ところが大塚と共にグラウンドで過ごすうちに、野球部の日々が生活の中心になった。彼の父親は、

1999年入部の湯浅君（左）と長尾君（右）

息子が目的を持ってスポーツに取り組むのを見て、応援に足を運んだり援助を申し出るようになる。

「やっぱり子供が頑張ってるなら親もやらないとね」

クラブと家庭のパイプが次第に太くなり、大塚の指導に追い風が吹き出した。

一九九九年四月、新学期を迎えると、野球部に変化が現れる。八名の新入部員の中に小森遼、長尾真次、湯浅敬太、菅原健、財津頼行ら五名の中学野球部出身者が加わったのだ。

小森は小学生の時から野球をやっていた。一年上の兄は日田高校に進学し、やはり野球部に入っている。母は、次男も同じ学校で野球をさせるべきか、他にその子にあったチームを探すか悩んだ挙げ句、日田高校の監督に相談した。

「お母さん、兄弟といっても性格が違うし、同じ学校じゃなくていいんじゃないですか。おととしから日田三隈には大塚先生という人情味があって素晴らしい指導者がいますよ。そちらに預けてみたらどうですか」と言われた。小森の進路が決まった。

「次男には向いてるんじゃないかと思って、本人も行くと言うのでここに決めたんです」

長尾の兄も同じように、日田地区にある籐蔭高校野球部に入っていた。長尾の場合は、この年、大分県で初めて日田三隈高校に新設された総合学科に魅力を感じ、入学を決めた。総合学科とは、自分で教科を選びカリキュラムを組んで単位を取得する課程である。この総合学科の導入が中学卒業生の関心を呼び、少年たちが日田三隈を選択肢の一つに挙げる要因となったことは間違いない。

そして長尾のように、野球部にも少なからず影響を与えたのである。加えて大塚が精力的に中学校を回り、関係者に理解を求めた結果が現れてきた。

高校野球部の監督は規則によって中学生と直接の接触は出来ない。これは実際には有名無実化しており、強豪私立高校の中には、全国に散らばったＯＢに働きかけて組織的にスカウト活動を行う学校もある。特に野球のレベルが低い都道府県の学校が有利で、甲子園に出て名を売りたい選手は甲子園出場の競争率が低い地域の学校へ留学する。

高校側も少子化に伴って、知名度を上げるかどうかが死活問題となっており、一様に批判するのも難しい現状である。指導者や寮に投資して学校の名を広め、多くの生徒に受験してもらうのは一種の企業努力という見方もあるのだ。公立高校にしても、学業、スポーツ、文化活動を問わず優秀な生徒に来て欲しい事情は同じで、推薦制度を活用する学校もある。

しかし日田三隈の大塚は、原理原則に沿った活動をするしかなかった。校長を始め学校側に深い理解はあるが、いかんせんチームが出来るかどうかもわからない現状のクラブに対して、学校が積極的に助力するのは無理である。もちろん公立なので、規定の学区内に居住する中学生しか対象にならない。

このような現状の中から大塚の出来ることは、チームを作って公式戦で恥じることのない試合を重ね、野球部の教育効果を承知してもらうことだ。そのためには、野球部を巣立った青年や部員の姿を周囲に評価してもらって、「日田三隈野球部に行けば間違いない」という理解を得ることから始めるしかない。

大塚は学区内の中学校に足を運び、野球部の監督と話を重ねた。そのうちに、大塚が試みた二年間の野球教育が中学校にも知られるようになり、中学生の親が「日田三隈はどうですか」とたずねた時には、「あそこは大丈夫ですよ。安心して預けてください」と答えてくれるようになっていた。

そして大塚は中学校関係者との話の中から、日田三隈が連敗の呪縛に苦しんでいることを知った野球少年の中に、「日田三隈に入って俺たちの手で記念すべき一勝をもぎ取る」といった殊勝な動機を持つ者も生まれていることを聞いた。

松尾コーチの就任

進級した七人に新入部員の八人を加え、野球部は活気を取り戻した。中学で三年間野球をやってきた一年生がチームの底上げを推進した。加えてこの年、大学まで野球をやっていた松尾篤がコーチとしてスタッフに加わった。

彼は赴任すると同時に野球部のコーチに就く。そして新入部員に面接して入部の動機や目標などを話し合うところから始めた。野球日誌を提出させてアドバイスを加えるなど、メンタルトレーナー的な役割を引き受けているが、当たりの柔らかいカウンセラータイプではない。彼は大塚と同じく大学まで野球に打ち込み、担当教科こそ商業だが大塚に勝る体育系の熱血指導者だ。

松尾の熱意が、負けに慣れきったチームに活を入れた。

この年から、練習や試合前のシートノックは松尾が担当することになる。彼の心は熱い。

「やめろ」、「立て」、「なんべん言ったらわかるんじゃ」といった言葉が選手に浴びせかけられる。何を言われようが選手は直立不動で「オイ!」と返事する。「血と汗と涙」という慣用句のうち、血を除く二種類の液体が連日グランドに染み込んでゆく。

「そら、こんなことやっとったら周りからいろいろ言われることもありますよ。でも、関係ないです。上手くなるためには、当たり前です。こいつらが野球をやると言うんで、こっちも本気でやっとるわけですから」

熱血指導の松尾篤コーチ

しかし松尾は内心、自分が歩んできた野球人生とのレベルの差に愕然としていたのだ。

「あの頃は、本当、勝とうとかそういうことは、全然思えんかったですね。このチームを、どうしろというんかって」

指導者が選手を見限っては

何も生まれない。松尾は彼らがいっぱしの野球青年に成長してくれることを本気で信じて、毎日ノックと罵声の雨を浴びせ続けた。そんな鬼コーチに、選手は自ら技術的な質問を投げかける。大塚は、松尾の熱意を選手が誤解なく受け取っているので敵対関係にならないのだと判断した。そして現場の指導を彼に任せるようになった。

地獄のコールド負け

新入部員たちは、日田三隈が連敗中だということを知っていた。彼らは中学野球部で度々対戦したこともあってほとんどが顔なじみであり、一年生の中には、何とか自分たち新人の力を結集して一勝を挙げたいという暗黙の合意があった。大塚もその意気込みに応えようと、焦らず時間をかけて彼らを育てることに心を砕いた。

毎年四月には大分県大会の地区予選が行われる。この予選では、日田地区にある日田三隈、日田、日田林工、籐蔭に加え、隣接した玖珠郡の森高校が総当たりで戦う。日田三隈はこれら四校とのリーグ戦に挑んだ。大塚は初戦、小森、長尾、菅原の一年生をスタメンで使い、財津と湯浅も交代で出した。続く三試合も同じような采配で試合に挑んだが、いずれも五回コールド負けを喫した。しかし監督は、明らかに本気でチームの強化に乗り出している。彼らが三年生になる時を見据えて、戦えるチームを作ろうと長期ビジョンを打ち立てたのである。

七月まで練習試合を重ねたが、全敗のまま夏の大会を迎えた。

七月十三日、春日浦球場で大分東明との試合である。指導者は去年まで監督一人だったが、この春から松尾コーチを加え、双頭体制で臨むことが出来る。日田三隈のベンチは監督が采配を振るい、コーチがスコアを付けながら状況を分析する。控えの選手も座り、野球チームらしい風景となった。大塚はこの試合、スタメンに四人の一年生を入れた。

審判団がホームベースの後ろに並んで集合をかける。監督はベンチ前の円陣を解き、真っ黒な土のグラウンドに選手たちを送り出した。試合は初回、日田三隈が大分東明の攻撃を無失点に抑え、上々のスタートとなった。しかし二回には、二つのエラーと二つの四死球にヒットが絡んで4点を献上する。

続く三回には8点、四回には12点を取られた。日田三隈は五イニングで三本のヒットを放ったが走塁ミスもあってランナーを進めることが出来ず、二塁ベースまで到達したのがやっとだった。結局、被安打17に12の四死球、5エラーを重ねて0対24のスコアで五回コールド負けを喫した。

去年より13点失点を減らしたとはいえ、チームの進歩はほとんど見られなかった。今の選

2年目の夏を戦ったメンバー

手たちはノックを捌くことが出来るし、投球をミートして外野に弾き返す技術も身につけている。しかし試合になると、たったそれだけのことが出来ずに右往左往してしまう。真剣勝負になって生きた投球や打球に対すると、途端にパニックになり、あたふたし始める。このチームを強くするために、果たしてどこから手を付けたらいいのか。どうあがいても這い上がれない蟻地獄のような野球人生の中で、大塚は相も変わらず敗者たちを率いていた。

夏が終わり、ただ一人の三年生、佐藤が引退して新チームになった。樋口たちの学年がリーダーシップをとるようになると、彼の父は、休部になって数年間休止していた野球部父母会の活動を再開した。そして会長を引き受けて球児たちをサポートし始めた。

プロ、アマを問わず、スポーツチームは現場とフロントの両輪が機能して初めて成長する。高校野球部では監督は現場責任者だが、学校との折衝や中学校回りといったフロントの仕事も多い。しかし選手の親が遠征費の援助や身の回りの世話を申し出ることで監督が身軽になり、クラブの活動がはるかに機能的になる。この頃から日田三隈野球部は、野球というスポーツをするための、そして勝利を目的の一つとした集団に変貌を遂げるのである。

八月中旬、県の代表チームが甲子園で覇権を争っている間に、他の高校は県大会予選を戦う。方法は春と同じで、リーグ戦による地区予選からスタートする。日田三隈はまず森高校と対戦した。

コールドゲームは、五回で10点差、七回から先で7点差がついた時に適用される。この試合、日田三隈は三回まで無失点で試合を進め、無得点ながら五回を0対4で終えた。コールドゲームを逃れて次の回に移る。しかし六回に3安打1四球、七回には4安打を許し、それぞれ3失点を喫した。結局七回が終わった時点で0対10のスコアになりコールド負けとなった。しかしこの日、大塚が率いた公式戦で、初めて五回を過ぎて野球を戦ったのである。その後、日田高戦に2対9で八回コールド負け、籐蔭戦は七回まで進んだが一挙4点を入れられて0対11となりコールド負け、日田林工戦では二回までに7点を許したもののその後得点を許さず、0対7で七回コールド負けという結果に終わった。つまりこの県大会予選で、日田三隈は、四試合全てに七イニング以上戦ったのである。

このまま成長を続ければ近い将来九イニングの試合が出来る。そしていずれ公式戦で勝利を挙げ、ついには夏の予選で三十余年ぶりに歓喜の校歌を歌い上げることも夢ではなくなってきた。

大塚はこのシリーズ四試合、いずれも四番に長尾、五番に小森の一年生を使い、彼らは強豪四チームから二人合わせて五本のヒットを放った。事実、日田三隈は公式戦で恥ずかしくない試合の出来るレベルには辿り着いた。負けたが大塚は大きな収穫を得た。そしてこのシリーズをへて、監督、コーチ、そして選手たちのモチベーションが一段と高まった。

九月に入り、九州大会予選が始まった。春の選抜大会に繋がる大会だ。この大会と夏の予選が甲子園への夢を掴み取る試合である。

日田三隈の相手は大分県屈指の強豪、明豊高校になった。八月の地区大会で手応えを感じていた選手たちには、「少しは抵抗できるかもしれない」という淡い希望があった。大塚はクリンナップに長尾、小森を抜擢し、二番に財津、七番に菅原、九番に湯浅という五人の一年生を起用して、彼らの勢いと成長に賭けた。

しかし当たってみれば力の差は歴然としていた。多少野球に心得のある一年生がぶつかろうとも、鍛え上げられたチームの壁は堅固で微動だにしない。明豊は初回に六個のフォアボールを選んで4点を入れた。日田三隈の先発投手毛利勤の制球難からではあるが、カウント

2―3から選んだフォアボールが二個ある。やはり強いチームは、勝つためにやるべきことを身につけている。

本大会になれば、「楽しく」とか「挑戦」といったスポーツの要素は二の次だ。塁に出る可能性があればバットを構えてじっと待つ。それが勝つ集団にとって最も必要とされる戦略なのだ。

明豊は四回までに10対0と大きくリード、五回表の日田三隈の攻撃を三者凡退に退けて一回戦を通過した。終わってみれば日田三隈はフォアボール一個のみ、ノーヒットノーランを喫し、五回コールド負けだった。「七回まで戦えるようになった。進歩した」と感じていた選手たちに、現実の冷たい水が浴びせられた。やはり攻守ともに隙のないチームを相手にすると、野球をやらせてもらえない。

大塚はこのチームのどこから手をつけたらいいのか全くわからなくなった。コーチの松尾と二人、全力で指導してきたつもりだ。しかもそれに応えて、選手たちも全力で練習を続けてきた。誰もが手抜きをしていない。素質の差と言うならばこれ以上手の打ちようがないではないか。そうは言わせたくない。二年五カ月前、草刈りから始めて手作りでチームを育ててきたのは何のためだったのか。それは野球部というフィールドで人間教育を試み、子供たちの成長を見届けてひとつの実績としたいという思いからであった。しかしこのように無惨

春に向けて

な敗北を前にして、野球を少しも上手くできずに人間教育を謳うのは逃げでしかない。大塚と松尾は敗北感に打ちひしがれた。

選手たちの心には、それ以上に大きな無力感が支配した。「やっぱり駄目だった」。これだけは絶対に口に出してはならない台詞が心に浮かんだ。希望を捨てるなと言われても、やれば出来ると励まされても、明日から進む道筋が見えなかった。

毎年、十一月から翌年二月末までは、高校野球連盟の規定により練習試合が禁止される。部員たちは学校のグラウンドに戻り、長い修練の期間に入った。

敗北の遺伝子

二〇〇〇年三月になり、試合が解禁になった。野球部復活から丸三年の月日が流れている。日田三隈ナインは練習試合を三試合こなして春の九州大会予選を迎えた。八月に新チームになって以来、十一人の部員が団結し、ほとんど不動のメンバーでチーム作りを進めてきた。相手がどの学校でも、そこそこ勝負になるくらいまでチーム力が上がっている。

だがそれは練習試合に限られている。公式戦になると、よそいきの野球を演じてしまう。「場慣れ」さえすれば、普段通りのバッティングと守備が見られるようになるだろう。しかし、それ以上に厄介な原因が潜んでいるかもしれない。もしスポーツに敗北の遺伝子というものがあるなら、彼らは勝負どころで勝ちを意識するあまりに平常心を失い、敗北への道を辿ることになるだろう。三十一年間に渡って培われてきた実績が遺伝子となって選手の肉体を支配しているとしたら、通り一遍の練習でそれを払拭することは出来まい。勝つことを意識させるか、忘れさせるか。大塚の指導方針が問われる試合となった。

三月二十五日、日田三隈は大分豊府高校と対戦した。監督は強気の姿勢を見せる。

「成果を出していく。そりゃ公式戦で勝ちたいですよ。勝ちにいきたい」

一回表、日田三隈はフォアボールのランナーをバントと内野ゴロで三塁まで進めたが、四番の樋口が二塁ゴロで無得点に終わる。まだ滑り出しとはいえ、挑戦するチームにとってこのような逸機は流れを摑み取れない大きな要因となる。その裏、日田三隈はエラーとヒットで1点を失った。二回には四死球とヒットで3点を献上する。日田三隈は二回、三回と三者凡退で終わり、四回にツーアウトから樋口が三塁打を放つ。しかし後続が続かず、その後チャンスらしいものは訪れなかった。

大分豊府は四回に2点、六回に3点と、着々と日田三隈を引き離し、七回が終わった時点で0対9となり、日田三隈はコールド負けを喫した。五回ではなく七回コールド、というほどの意味はなかった。日田三隈は二度の得点チャンスをものに出来ず、一度も試合の流れを摑むことなく完敗した。

やはり公式戦では力が出せない。勝負どころを嗅ぎ取って、点をもぎ取ることが出来ない。あるいは失点の後に冷静なプレーを繰り出して踏ん張れない。それは一つに、「この点差で凌げば、まだ追いつくことが出来る」という確信がないからだ。これが敗者の心を牛耳る遺伝子なのかもしれない。選手たちには無力感が漂っていた。しかし大塚は必死になって、チームに潜んでいる進歩の息吹を探そうとしている。

「一年間大敗したので、ぜひ一勝をしたいという気持ちが選手の中にも芽生えてきていると思います」

小森にも虚脱感が襲っていた。彼は入学と同時に、意気揚々とこの弱小チームに入部した。

しかし一年たったこの頃、退部を考えるようになっていた。

「友達が遊んでいるとか、つまらない理由です」

最初は言葉を濁したが、彼の追い求める理想とは違う部活動に原因があった。

「意気込んで入った分、がっかりした面もありました。やってもやってもチームが強くな

真っ直ぐな野球少年、小森君

らなかった」

一年前に彼が入部した頃、他の部員のレベルと比べると小森の実力は光っていた。彼は小学校から野球クラブに入り、兄と共に二年連続で全国大会に行ったほどの力を持っていた。強肩でバッティングにパンチ力がある。小森は自分の力で野球部を変えよう、強くしようと意気込んで大塚の門を叩いたのだ。しかし練習を重ねてもチーム力は上がらない。小森の先輩には野球経験者は三人しかいなかった。入部して初めてキャッチボールを知った部員が多く、フォーメーションどころではなかったのである。

小森は大塚に言い出せず、担任を通じて退部届けを持ち帰って、保護者欄に名前を書いてくれと母親に渡した。この時、母は言った。

「あんたは野球と一緒に学校も辞めたいとね。野球部だけ辞めるのは道理が通らん。野球部ば辞めた後に、どんな顔してグラウンドの横ば通って帰るつもりね。やると決めたことを三年の夏までたった二年半続けきらん人間が、この先社会に出て生きていけると思うとね」

小森はしばらく部屋に入り、出てくると「やっぱり続ける」と言った。兄は、「お前、何カ月も悩んで決めたことば、何分かでひっくり返すとか」と笑った。

小森が持つおおらかさがグラウンドで生きれば、三十年以上に渡ってチームが望んできた結果をもたらすかもしれない。ただし大塚はまずチームの力を底上げしなければならない。

そして個性の強い選手たちを個別に伸ばしていく必要がある。小森のように自分の気持ちに正直な青年は、対応を間違えると、野球はおろか人生の道程をさまよい歩くことになるかもしれない。大塚の教え子たちには、しっかりと野球に打ち込み、堂々と人生を歩んでもらう必要があるのだ。

四月になって一大転換期が訪れる。十人の一年生が入部、そのうち九人は経験者である。最初からキャッチボールと素振りの出来る新人が揃い、日田三隈高校野球部はドラマティックな変貌を遂げた。

大塚のコメントも野球部監督らしく、チーム作りに言及できるほどになっている。

「危機感が出てきました。一年はレギュラーを取りたいし、そこのとこで競争意識が芽生え始めています」

ただし、競争意識だけではチームは強くならない。間もなく始まった地区大会でも、日田三隈はコールド負けを繰り返した。大塚は野球の土台であるピッチャーに苦労していた。エースの三年生毛利に加え、二年生の菅原や湯浅を使って試行錯誤を繰り返したが、いずれも制球難でゲームを支配することが出来なかった。

六年ぶりの初得点

七月、夏の大会を迎えた。相手は大分南高校である。後の試合に控えてスタンドに集合している日田地区の高校応援団が日田三隈へエールを送る。まだ成長途上である仲間の健闘を祈ってくれているのだ。地区大会では真剣勝負を繰り返しているが、甲子園予選となれば地元意識が芽生える。スタンドで日田三隈を応援している高校生たちにとって、「地元」とは大分県であり、同時に日田地区でもあるのだ。

この試合、大塚は三年生四人、二年生四人、一年生一人をスタメンに並べた。二年生の中に菅原の名がない。彼はリリーフピッチャーとして起用されることが多くなっているが、内野で出場することもある。ただし今ひとつ技術が伸びていなかった。大塚は菅原にはじっくり時間をかけて成長して欲しいと思った。

「一年の時、出られなくて辞めようと思ったことがあったみたいです。でも、彼のガッツはチームにとって必要でした。大事な戦力です」

そしてこの日、エースナンバーを付けた三年生の毛利に代わって先発に指名されたのは二年生の湯浅だった。大塚はここ数試合の出来を見て決めた。

「確かに毛利は1番を付けていたんですが、ストライクが取れるのはどちらかということを考えて湯浅を選びました」

去年の夏からほとんど同じメンバーでチームを仕上げていった。戦える手応えはある。自己評価をすればまだまだ弱小だが、立ち上がりで踏ん張ればリズムに乗るかもしれない。そのためには、ストライクで打たせて取るリズムを作らないと試合にならない。うまく流れを摑めば、勝利への期待はゼロではなかった。

大塚は三番、四番バッターを打力のある二年生で固めた。ゲームは初回から大塚の目論見が外れた。毛利より制球に分があることで起用した湯浅が、ストライクを揃えすぎて打たれたのだ。一個のフォアボールを挟んで六連打で7点を失った。投げるだけで精一杯だ。すべて早いカウントで外野へ弾き返される。投げ急ぎと球威不足が露呈し、大塚の賭けは裏目に出た。二回にも1点を失い、0対8となった。

一方、三回まで淡泊な攻撃を繰り返した日田三隈は、四回になって反撃を開始する。ワンアウトから三番小森が三塁打で反撃の火蓋を切った。続く四番に抜擢された長尾はセンター前に弾き返し、小森がホームベースを踏んだ。

ヒットとタイムリーで挙げた、文句なしの1点だ。日田三隈は春、夏、秋の大分県大会で、実に六年ぶりの得点を挙げたのである。ところが次のバッター杉野貴幸がセンター前にヒッ

待望の初得点

トを打った時、一塁ランナーの長尾は三塁へ走ってタッチアウトになった。その時、点差は7点である。無理をする必要はない。このような判断ミスは、その後も度々、試合の流れを変える大事な場面で現れる。それは遺伝子というような先天的なものなのか、あるいは大塚が提示した攻撃野球の反作用なのだろうか。

この頃から大塚は、一番から打力のあるバッターを並べて一気に得点を目指すオーダーを組むようになっていた。練習試合では、一番が出塁して二番が繋ぎクリンナップで得点という、オーソドックスなオーダーを組む。ただしこれには、野球の基本的な考え方を身につけるという目的もある。しかし大会になれば、勝てる可能性だけを追求すればよい。そうなれば今の日田三隈の選手では、得点を狙う打順と、三者凡退でも仕方がない打順に二分して打線を組むのが最上の策ともいえた。このような攻撃野球に乗っていれば、選手が先の塁を狙う気持ちは当然かもしれない。

大塚は、「暴走と好走は紙一重ですから」と言い、選手の積極的な気持ちを弁護した。ただし、塁を欲しがる、点を欲しがる、勝利を欲しがることが先走ってこのようなプレーが出たとすれば、やはり先天的な部分に原因を辿らねばなるまい。それは、三十一年間勝ちに飢えたチームに、あるいは勝てずにもがき続けたチームに組み込まれた遺伝子が彼らを動かしているといえるからだ。

大分南は五回にも3点を挙げ、1対11というスコアが残った。夏の日田三隈は、またしても五回コールド負けであった。試合後涙にくれる選手を前に、大塚はこう言った。

「よくやったよ。野球は終わったが、この後のことを考えて人間的にどうすればいいかということを考えてもらいたい。よその高校の応援も有り難かった。胸を張って帰ろうな」

公式グラウンドに復活した二年前は、精一杯やったとはいえ自己満足の域を出なかった。何も出来ない選手たちに、周囲は無条件で拍手を送ってくれた。大塚は敗北の悔しさを味わいながらも、選手たちが精一杯のプレーを見せてくれたことに満足していた。しかし今年の夏は、二回裏の守りからチームは立ち直り、相手に対しても失礼な戦いはしていない。少なくとも野球らしい試合が出来た。勝利にはまだ遠い道のりだが、大塚は、「やれることはやったかな」と思った。

勝利への胎動

エースをつくる

三年生が引退し、大塚は新しいチームの創造に取りかかる。五人の二年生に加え、九人の一年生が野球経験者だ。練習のノックは松尾が担当している。新チームになって、いきなり守備に就かせてのシートノックが出来るようになったことは、喜びを超えて驚きである。

去年までは、ボールの握り方やバットの持ち方から教えるのが日田三隈高校野球部の指導だった。それが、松尾が「はい、ひとつ!」と言って打球を放てば、選手は捕球してファーストへ送球するのだ。「ふたつ!」と一声かけると、打球に従って選手たちはバックアップに動き、ボールはセカンドへ送られる。松尾が振るノックバットに、一層の熱が帯びたところがである。八月末の地区大会の初戦、籐蔭高校を相手に3対22という屈辱的な敗北を喫してしまう。

問題はピッチャーであった。二年生の湯浅は一回三分の二を投げて、一本の本塁打を含む

9安打と、めった打ちにあった。一年生の左腕江藤祐輔は三回三分の一を投げ、七個の四球を出して制球難を露呈してしまう。大塚は暗澹たる気持ちになった。

無論、原因は指導不足だ。責任は大塚と松尾にある。どういう形で責任を果たすか、大塚は思案する。ストライクが入る湯浅は打たれ、ボールのキレがいい江藤はフォアボールを連発する。これでは試合にならない。まだチームはピッチャーを使い分けるレベルには至って

湯浅君を中心にしたチーム作りへ

いないのだ。

大塚はピッチャーを育てることに決めた。何度打たれても目をつぶって使い続け、体験を重ねて一人前のピッチャーに育ってもらうしかない。そしてこのチームのエースを湯浅と決めて、この先一年間、彼を柱にチーム作りをする方針を打ち出したのである。

続く日田林工高校との試合、大塚は湯浅を先発のマウンドに送った。湯浅は初回、二本のホームランを浴び3点を失ったが、その後二、四、六回に1失点、三回に2失点と、打たれながらも大崩れせずにたえ続けた。打線は三回から五回までに1点ずつを挙げ、3対8で敗れたものの九回まで戦った。

二日後の森高校戦でも湯浅が先発、六回までスコア2対3と、地区大会とはいえ大塚監督にとって公式戦初勝利の期待を抱かせるところまで迫った。しかもここまでの失点はいずれもエラーが絡んでいる。湯浅はよくたえたといえよう。七回には3安打で2点、八回になると球威が衰え、4安打とフォアボールで4点を与えた。

しかし、大塚は確かな手応えを感じた。湯浅が完投の感覚を覚えられれば、もう少し粘れるようになるだろう。そして打線は八イニングで七本のヒットを放ち、効率はよくないが2点を取った。

失点を防いで得点を重ねる。勝利を得るには当たり前のことだが、そのことが出来ずにこれまで敗北を重ねてきたのだ。日田三隈は明らかに戦える集団になり始めていた。

その二日後の日田高校戦、大塚は江藤を先発させた。秋の九州大会予選を前にして最終チェックだ。江藤のボールは、ストライクが入ればそれほど連打は食わない。しかし投げさせてみないとわからないタイプだ。大塚は先発の信頼度を探るために江藤を試した。ところがこの日の江藤はよくなかった。フォアボール二個、三振、エラー、ヒットが二本と続いたところで、監督は主審に湯浅の名前を告げた。湯浅はその後、フォアボールこそ二個だがコンスタントに打たれ、毎回得点を許した。

日田三隈は日田高のエースを打てずに0対12で完敗した。マウンドを任せるのはやはり湯浅だろうが、彼はまだ充分な信頼を得てはいなかった。秋の大会まではわずか三週間あまりしかない。

飛躍のために

九月十六日、秋の九州大会予選を迎えた。試合前日、臼杵市のホテルに選手と父兄が集合した。去年から野球部の父母会が本格的に動き始めている。試合を重ねながらチーム作りを進める監督の方針に従って、日曜にはほとんど練習試合を組んでいるが、遠征になれば選手を輸送するためにマイクロバスを借りて父親が運転する。食事や庶務を母親が担当し、常に数人の親が試合を見守る。この大会は春の甲子園に繋がる公式戦とあって、ほとんどの親がスタンドに揃う予定になっていた。

「監督の顔が広いので、二時間かけて佐賀まで行ったりするんですよ。せっかくの休みだけど子供が打ち込んでいるので、しょうがないですね」とは、この日運転を担当した長尾の父の弁だ。

ホテルに集まったのは、今年の夏を経験した五人の二年生と中学野球部出身の一年生たちで作ったチームだ。大塚にとって初めての、戦えるチームが形作られつつある。

会議室でミーティングが始まった。相手は八月の地区大会で対戦し、0対12で敗れた日田高校である。大塚は選手を前に静かな口調で話し始めた。

「もう戦いは始まっている。近隣で同じ宿舎に泊まっている高校が相手だ。相手は今、外で素振りをしている。前回負けた相手だ。リベンジだ。真剣に取り組め。ゲームが終わっても野球以外のことをしゃべるな。試合に来ているんだ。相手は同じ高校生だ。引け目も何もない」

この日、日田高は同じホテルに泊まっていた。彼らは食事も終わり、三々五々、表の駐車場で素振りを繰り返している。ミーティングの部屋に壁はなく、バットを下げた日田高の選手が日田三隈の横を行き来し、窓の外にはバットを振る敵の姿が映っている。選手たちはテーブルを囲み、じっと一点を見つめている。大塚の言葉は熱を帯びてきた。

「前は負けたが、負けた反省を克服するために今日まで練習をやってきた。ランダウンプレーを出来るようになって出発した。準備は充分出来ている。問題はどういう気持ちでいるかだ。よし出来ると思うか、不安で試合に入るか、どちらかだ。出来ることを自信に変えよう。一球の積み重ねだ。大事にしろ。今まで練習で充分追いつめた。明日は自信を持っていけ。負けるような相手じゃないよ。堂々と球場に入って欲しい。今から寝るまで、自分のプレーをしっかりイメージしろ。いいプレーを思い出せ。イメージが大事だ。ヒーローになれ。一球に悔いを残して欲しくない。明日の一球が積み重なって夏の大会がある。この瞬間から勝負は始まっている。明日は、勝ったよという知らせを持って帰ろう」

大塚は先日、高校の後輩であり社会人野球部の大分ハーキュリーズでピッチャーをしている白石新に臨時コーチを頼んだ。その時彼は部員を前にして、「君たちは野球が好きか。どのくらい好きか。僕は今日も好きな野球に打ち込んだから、帰りに不慮の事故に遭っても、悔いなく死ねるよ」と言った。

技術は教えることが出来る。これから選手たちが飛躍するには、野球に取り組む姿勢が問題になると大塚も思っていた。

「あれから取り組み方がずいぶん変わったように思います」

部員は練習日誌を付けている。タイトルは「一球のおもい」。思いと重いがかかっている。コーチの松尾がチェックしてアドバイスを与える。松尾の先導に従い、選手たちは上達しながらやがて勝利という目的地へと着実に歩いている。しかし当時キャプテンを任されていた小森からは、試合前夜、「勝つ」という決意は出なかった。彼自身、肘に故障を抱えている。強肩をアピールしようと全力で腕を振り過ぎた時に、肘が下がって痛めるのだ。自分のことも気にかかるが、チーム状態を冷静に見ながら、いくつかのエクスキューズを交えて試合への思いを語った。

「肘を痛めたので痛み止めを打っています。でも大丈夫です。夏の大会は湯浅の立ち上がりが悪くてペースに乗れませんでした。今回は一年の経験者が多いので、そこそこ戦えると思います。この前の日田高校戦では一年の江藤が先発して、やっぱり立ち上がりペースに乗れませんでした。明日はチームを乗せて、自分はチャンスに打ちたい」

秋、再度の日田高校戦

大塚は夜遅くまで思案していた。前回の日田高戦で先発した江藤は、初回六人に対してワンアウトを取っただけで湯浅に交代している。制球に不安があり、先発は大きな賭けである。

一方、湯浅は現段階でのエースと決めているが、全幅の信頼は得ていなかった。

「明日のオーダーはまだ決まっていないんですよ。重量打線を組むか。先発は左の江藤か、エースか。それにまだ隠し玉があるんですが」

隠し玉とは菅原のことだ。しかし彼は最近、試合で投げることは少なく、隠し玉と言うよりも窮余の策と言った方が正しい。大塚は笑みを浮かべたが、不敵の笑いではなく方策のなさを物語っていた。ロビーで偶然、日田高の監督と出くわした。彼が大塚に声をかける。

「先発は?」

大塚はいたずらっぽく笑って、「さあ、まだまだ」と応じた。

風景は策士同士の探り合いとも見えるが、駆け引きほどの深さはなかった。明らかに大塚は手詰まりである。打線は組み合わせによって効果が得られるかもしれない。しかしエースが故障でない限り、先発は迷うものではない。強豪校同士が世紀の大一番を迎える前夜に複数のエースから誰を使おうかと悩む場合と、二番手ピッチャーでも勝てそうな相手と戦う時以外は、高校野球の監督が先発について悩むことはあり得ない。大塚の思案は、日田三隈に一人のエースが育っていないという、ただそのことを証明しているだけだった。

九月十七日、チームは臼杵市民球場に入った。大塚と松尾は練習では選手をとことん追い込むが、試合ではムードを盛り上げることに執心する。松尾が言ったことがある。

「楽しんでやるとか、はつらつ野球と言いますが、それはちゃんとした技術を持ったチームが出来ることで、うちはまだまだ」

ところが高くない技術でも、それを試合で発揮させるには、リラックスさせてグラウンドに送り出すしかない。松尾は選手たちに接する時に、鬼コーチというキャラクターと、兄貴分としての性格を持っている。その兄貴のキャラクターを前面に押し出して試合に臨む。試合前のノックは丁寧で、選手に自信を持たせるように静かな打球を打つ。

「もう、試合の日には勝負はついてますからね。今日はいいムードでやらせるだけです」

試合前、選手を集めて大塚は言った。

「今までやってきたいいイメージを浮かべてプレーしろ。自分のいいところを出せ。いいか、これはダイナマイト打線だ。攻撃は初球からいけ」

大塚の言葉にはしばしばイメージという言葉が登場する。スポーツ心理学では、自分のいいイメージを具体的な画像として描くトレーニングによって最高のパフォーマンスを得ようという方法があるが、彼の指示はこれに繋がる。ただこの時点では、選手たちはいい状態をイメージ出来るようになっていたが、試合中、自由にその画像を取り出す技術を身につけていたかどうかが大きな問題だった。

日田三隈高校の打線の要、小野君（左）と佐藤君（右）

もう一つ、ダイナマイト打線というコメントから大塚の戦略が見える。普段一番を打つ出塁率ナンバーワンの小野亮太を二番に置き、クリンアップの一角佐藤祐一をトップに上げた。一番から六番までに打力のあるバッターを集め、繋ぎの役割を挟まずにひと固まりの連打で得点を狙ったのだ。六人で点を取る。あわよくば後の三人が続いてトップバッターに戻れば、ビッグイニングになることもある。日田三隈は最初の流れをぜひ摑みたい。

プレイボールがコールされた。

一回表、日田三隈の攻撃はサードゴロが三個、わずか七球で終わった。

その裏の日田高は、レフトへのヒットと盗塁でランナー二塁とする。続いてピッチャー前バントのフィルダースチョイスが出て、ランナー一、三塁からライトフライで1点を失った。さらにヒットエンドランとポテンヒットが出て二点目を献上する。なおも一、三塁にランナーが残った。ところが次のバッターの時、サードゴロで三塁ランナーが飛び出し、ランダウンプレーでアウトを取った。こんな時、下手なチームほどサードとホームベースの間をボールが何往復もするものだが、日田三隈が見せたのは、ボールがキャッチャーに一度渡っただけでランナーを追いつめた完璧なプレーだった。

前日ミーティングで大塚が言った「ランダウンプレーを出来るようになって出発した」新チームが、練習の成果を出したのだ。実はこのプレーは、日田高校用に準備されていた。練習試合を含めて何度も対戦するうちに、大塚は日田高監督の癖を感じた。足でかき回すことが多いのである。この癖を逆手に取って練習したランダウンプレーだった。

大塚が信じる「やれば出来るじゃないか」イズムが実を結んだのだ。後日大塚は、「他にもいくつかの日田高校用オプションを準備していた」と語った。策士の面目躍如である。

野球部を立ち上げた頃は、「ほら、出来たじゃないか」という言葉は、ボールを取って投げることに対しての誉め言葉だった。ところが三年の歳月を重ねてその言葉は、敵を戦略上追いつめるための技術に対して使われるほど熟成していた。

その後三回裏、日田三隈の先発湯浅は、日田高の中軸にバットの芯で捉えられて1点を失い、スコア0対3で六回表を迎えた。八番ムードメーカーの朝井將晴がライト前ヒットで出塁。バントで二塁に進塁した。ここで日田高はピッチャーを交代した。球が走っている。打順はトップに戻り、佐藤の三塁ゴロの間に朝井は三塁に進んだ。そして二番小野がツーストライクから空振り。これをキャッチャーが後逸して振り逃げの間に待望の1点が入った。1対3である。

四回以降、湯浅は日田高に得点を与えない。もともと湯浅は安定感に定評のあるピッチャーではない。ストレートとスライダーで揺さぶりの投球が持ち味だが、まだ組み立てに対応できるほどにはコントロールが安定していない。四死球にエラーがらみでランナーを溜め、置きにいったファーストストライクを痛打されるのがこれまでのパターンである。しかしこの日は二回から球威が増し、牽制死を含めて落ち着きのあるマウンド捌きを見せている。四回から七回まで三者凡退で乗り切る見事なピッチングを披露していた。

試合が壊れていない。七回が終わってスコアは1対3。ワンチャンスをものにすれば逆転勝ちは充分あり得る。強豪日田高校にまさかの勝利か。秋の県大会勝利も十五年ぶりとなる。

八回を迎え、日田三隈の選手に気負いはなかった。中盤以降を見ても、日田三隈は七回表にツーアウト一、三塁まで攻め、毎回三人で攻撃を終わる日田高よりも塁を賑わしながら試合の主導権を握っていた。ただ選手たちには、試合の流れの中から目聡《めざと》く勝利の可能性を見出して勝ちを自分たちに引き込む野球観は、まだ身についていなかった。

八回表、日田高のピッチャーが代わった。それほど球の切れはない。チャンスだ。ここで試合をひっくり返すと歴史的な勝利を呼ぶ。日田三隈ナインにとって、ここで勝つ意味は大きい。どんな形でも公式戦の勝利を得れば、これまで搦め取られてきた敗北の呪縛から解き放たれるのだ。

ただしこういった場面での選手たちは、それほど重大な「勝つ」意味から逃げてはならない。勝つめのプレッシャーをまず背負い、そのプレッシャーに打ち勝って平常心を呼び起こす手順を踏む能力があって、初めて勝利の意味が浮かび上がる。接戦を意識せず幸運に入った得点で勝つことと、緊張で痺れながらそれを脱ぎ去る技術を使って勝利を得ることとは根本的に違うのである。

この場面で、九番バッター一年生の樋口和幸は無心だった。

「勝ちを意識しませんでした。ただ、出塁しようと思いました」

彼の出塁パターンは、バント、四球、ヒットの順である。初球、バントヒットを狙う。ファウルになったが球筋が見えた。次の球を痛烈なライト前ヒット、返球を内野手がエラーする間に二塁へ達した。次は一番佐藤である。彼は以前バント練習で失敗した時に、顔を怪我して自信をなくしている。選手全員が「バントはない」と思っている。通常のセオリーであればバントは「あり」だが、佐藤なら「ない」。チーム全体が強攻策で一致していた。

初球から打ち気でボックスに立った。三球目をレフト前へヒット、樋口がホームへ滑り込む間に佐藤は二塁に達した。スコアは2対3、1点差となった。ここで日田高はピッチャーを代えた。三週間前に手も足も出なかった左腕のエースだ。日田高は試合の流れを断ち切るために、全幅の信頼を寄せているエースのカードを切った。エースの使いどころで悩むことが出来る日田高と、辛うじて一人のエースを育ててきた日田三隈との大きな差が現存していた。キャプテンの小森は練習試合によって、このピッチャーの特徴を知っている。ネクストバッターズボックスにいる一年生の小野に声をかける。

「カーブピッチャーなので、それを狙え」

監督は「いつも通り打てばいい」と思い、具体的な指示は与えていない。1点差に詰め寄ってノーアウト二塁。ここはまずバントが考えられる。しかし大塚はセオリーと勢いとを天秤に掛けていた。今はまだ、野球の出来る九人のプレーヤーがチームを形作った程度の段階だ。ここで策を弄してもサイン通りの結果は期待出来まい。強豪校のように、万事を尽くして点をもぎ取り、虎の子の一点を痺れるようなディフェンスで守りきる、そんな野球は日田三隈にとってまだ遙か遠くにあった。

大塚は思った。「ここまでチームの意図が一つにまとまって攻めている。このムードで押し切った方がいい結果が出る」

選んだのは強攻策だ。チームの勢いに乗り、小野は初球をライト前に運んだ。ランナーは一、三塁になった。さあ、さすがにノーアウト一、三塁だ。だが、ここでも三番の長尾は、「いつもの野球からすれば、スクイズは絶対にない」と思っていた。細かいサインにも萎縮せずに結果を出し、攻撃の勢いを保ったまま主導権を握り続けるような試合運びは、これまでやってこなかったし出来ない。変に緻密なプレーを選択すれば、この勢いに水を差すことになる。今の日田三隈には押しまくることが有効な作戦だ。大塚にもスクイズの気配はない。

ここで打ってこそ監督が仕掛けたダイナマイト打線が火を噴いたといえる。

ここでもチーム全体の意思は一致している。チーム内の誰もが「強攻策」を信じている。長尾は「まっすぐ狙い」でボックスに立った。緊張はしていなかった。「ボールに集中出来ました」。1―3からの直球を打った。しかし打球はショートゴロ、二塁へトスされワンアウト一、三塁となった。

次は、四番キャプテンの小森だ。小森は、「スクイズの可能性は、少ないけれどある」と思った。大塚は、「同点なら間違いなくスクイズだが、1点リードされていたので当たっている小森に賭けよう」と思った。わずかながらスクイズが頭に残ってボックスに入った小森と、「スクイズはなし」と決断した大塚の意思にずれが生じた。これまでチーム全体で意思の統一が見られてきた攻撃に、わずかな隙間が見えた。

小森は、「このピッチャーはカーブが多いが、真っ直ぐ狙いでいこう」とバットを構えた。0―2からランナーがスタート、ストレートを打った打球はファウルになった。ランエンドヒットだった。右バッターの小森にはランナーの動きが視野に入った。スクイズの可能性とランナーの動きによって小森の意識が分散する。結局2―2からカーブを打ち上げ、浅いレフトフライに終わった。日田高のエースはカーブで勝負を挑んだ。

「打ち損じました」

小森は、主導権を握られたまま打ち取られた。

ツーアウトになった。無論ここは打つだけだ。五番梅木博幸は、「真っ直ぐ狙いでいきました」と言った。ただしこれまで、変化球打ちの練習はあまりやってこなかった。彼はいつの場面でも真っ直ぐ一本だ。カーブピッチャーに向かうには辛い場面であった。カーブを二球見逃し、最後もカーブを空振りで三球三振に終わった。敵の変化球に対応できるバッティング技術を体得していなかった。これが現状であった。勝利を摑むにはあまりにも捉えづらい、エースが投げたカーブの曲がりだった。この回の攻撃は、ノーアウトから三本ヒットを連ねながら、わずか1得点に終わった。勝機を逃さず確実に加点する野球は出来なかった。

しかしまだ1点差だ。九回の攻撃に期待が繋がる。ただし、八回裏を全力で切り抜ける必要がある。日田三隈ナインに試合の流れを読む力と感じ取る感性が育っていれば、この攻撃が挫折した失望感からいち早く立ち直って、守りに徹する精神の復元力が見られたはずだった。

八回裏の守りとなる。湯浅は最初のバッターを三球三振に打ち取った。次のバッターは二球目を打ち返し、サードを強襲してボールが転がる間に二塁へ進んだ。四番バッターを迎えた。湯浅は「歩かせてもいいから慎重にいこう」と思い、ボールを散らす。結局ツースリーからフォアボールを与えた。ワンアウト一、二塁である。ここで二打席目にセンターオーバーの三塁打を打っている五番バッターに回った。ところがここで日田高は、湯浅も小森も「ノーマークだった」という送りバントを試みた。

流れを引き寄せたい場面では、強打者がバントで撹乱するのも戦法の一つだ。あるいは、クリンナップといえども着実にランナーを進めてエラーでも得点出来る状況を作ることは、高校野球の定石ともいえる。そういった定石が頭に入っていれば、バントにも対応出来たかもしれない。ところが日田三隈のナインは、敵の戦略を自分たちの野球に当てはめて考えていた。こういった場合、日田三隈なら勢いに賭けることが最善の戦略かもしれないが、敵の選択肢にはバントもある。敵を知ることが戦いの原則だが、日田三隈チームは未だその域にまで至っていないことを露呈した。

バントに対してサードの処理が間に合わず、ワンアウト満塁になった。続く六番バッターはライトにライナーのヒットを放ち、さらにバックホームをキャッチャーが後逸して2点が入った。二点目のホームを踏ませたのは痛かった。

キャッチャーは一年生の梅木である。入学以来、キャッチングの基本を徹底的に練習して、湯浅の変化球がワンバウンドになるのも何とか抑えるようになっている。ところがこの場面、一人目のランナーが生還したことに気を取られ、二人目のバックホームに集中出来なかった。最初から一点目を捨ててしまい、二点目のランナーだけに集中していればアウトの可能性は飛躍的に上がったはずだ。さほど難しいワンバウンドではなかった。

スコアは2対5となって、なおランナー二、三塁。勝利の可能性は若干減ったが、ここで踏ん張ればまだ試合は壊れない。過去を忘れて「今」に集中出来るかどうか。日田三隈の真価が問われる。次のバッターはショート小森の前へ平凡なゴロを打った。若干イレギュラーしたかもしれない。これを弾いて素早く拾った小森は、間に合わないホームへ投げた。フィルダースチョイスで決定的な三点目が入った。

「緊張していたのかもしれません。バウンドは少し上がりました。もう半歩前で処理しなければならなかった」

イレギュラーであった。特に公式戦の大会では、連日何試合も行なうためにグラウンド整備が間に合わなくなり、ランナーが走る部分が荒れる。そのために、プレーヤーが守備に就いている間は、常に走路をかき起こしておく必要がある。まずそこから守備が始まるのだ。

小森は、守る時にスパイクで土を撫でてグランドを慣らす仕草は見せるが、荒れた地面の底から土をかき慣らすようなやり方ではない。日田三隈が1点を巡って痺れるようなディフェンスを見せてくれるには、もう少し時間を待たねばならない。その後ヒット二本とバントを絡められ、さらに2点を献上した。ヒットは二本とも初球だった。

湯浅は言う。一本目は、「コーナーを突いたけど甘く入りました」。そして二本目は、「勝負を急いだわけではないです。コントロールミスでした」。

まだ粘れば希望があるという時に、ボール球を交えて慎重に一人ずつ打ち取っていくための技術が、湯浅には身についていなかった。それは粘り強い精神力も含めた技術だ。ただ大塚はこの試合までに、三人のピッチャーを試行錯誤の中で使っていた。これまでエースと言えるピッチャーが育っていなかった。ところがこの試合で湯浅は、七回まで崩れずに何とか試合を作った。ようやく試合を任すことの出来るピッチャーが生まれたのである。この日から、湯浅がエースの扱いを受けることになった。彼がチームを背負って投げるのはこれからだ。

得点は2対8。あと1点取られればコールド負けだ。ここでピッチャーは一年生の江藤に代わった。まだ研修段階のピッチャーには負担が大きい。ストレートのフォアボールを与え、押し出しで試合が終わった。八回コールド負けであった。試合後、大塚は選手を集めて言った。

「みんな負けて悔しいと思う。その悔しさを大事にしろ。夏で負けて悔しいと言っても、もうその時は終わりだ。これからどう集中して野球に取り組むかが問題になる」

日頃大塚は、一日の勝敗に意味づけをするより、一年先を見越してどう人を育てるかに主眼を置いている。しかし、試合では勝たなければならないとも信じている。人は勝利によって新しい世界を開くことが出来る。大塚はそのことを知っていた。毎日、勝てるための練習を繰り返すうちに、勝利が見えるところまでチームが出来上がってきた。実際、練習試合で勝つこともある。ただ端的に言えば、大塚はまだ勝利を目指していない。練習ではチームの完成度を上げ、試合になれば戦いの推進力をどう発揮するかに腐心している。目先の1点を取るために、選手を駒として動かす采配はあまり採らない。

しかしこの先間違いなく、勝つための段階に入る。松尾と共に戦術や細かいフォーメーションに磨きをかけることは必然だ。湯浅をエースに決め、ようやくチームの骨格を組み上げた。この先、大塚が持っている「勝つためのノウハウ」を選手がどう吸収していくかが問題になる。大塚はまだその財産を引き出しにしまったままなのだ。

選手が貪欲に勝利へのノウハウを求めることが日常になれば、三十二年ぶりに夏の勝利が訪れるかもしれない。

小森は言った。

「大塚先生から、嫌いな教科の授業中にどう集中するかが野球にも現れると言われてます。そのことを気にかけて学校生活をしてます。今日は緊張してエラーをしたことを後悔しています。平常心を持つことが課題です」

エースになった湯浅。

「組立にゆとりを持つことです。今日は勝負を急ぎすぎました。精神的には、まだまだです」

これらの課題を克服するために、具体的にどうトレーニングすればいいのかを、選手たちは知らない。しかし、集中力を養う方法、緊張しないためのセルフコントロール、投球の組立……。彼らが求める回答は、すべて大塚が持っているのだ。大塚は言った。

「そうですね。今はたずねて来るのを待っている状況でしょう。精神的な面では、常に一球を大事にしろと言ってますけど、来年夏の大会直前になると言わないかもしれませんね。野球のベースは変わらないんですが、一瞬というものに追いつめるのが得策かどうか。むしろ平常心にどう導くかで苦労しそうです」

二人の指導者

ひと月後、練習試合が行われた。大塚は、風邪と言って前日の練習を休んだ小森と一年生のレギュラー佐藤を先発から外した。

「責任感がない。休んで次の日に試合に出られると思われたら、下級生に対しても示しがつかない。そんな社会は作りたくありませんでした」

これに対しコーチの松尾は、先発オーダーについて、「新人戦用にしただけです」と小森たちをかばった。

松尾が怒鳴っている時は大塚は静観し、大塚が選手を追いつめれば松尾は受け皿になる。指導者のチームワークは機能している。この日は、チームの基盤を作ろうと大塚が打ったショック療法に戸惑う患者を、松尾がケアしていた。

この頃大塚は、チームのキャプテンをどうするか悩んでいた。秋の大会は小森をキャプテンに指名して臨んだが、暫定的な体制であった。小森は野球をよく知っている。ショートを守り、内野の要としてプレーの指示を出す。バッティングの絞り球にしても、自主的に下級生へアドバイスしていた。ただし自分の気持ちに純粋な面が表に出ることがある。例えば、まずいプレーに対して「もっと前に出ろ！」と気合いを入れたつもりが、叱責に受け取られることがある。彼には責任を負わせず、もっと自由におおらかなプレーをさせた方がいい結果を得られるのではないかと、大塚は思い始めていた。

大塚と松尾は小森の家を訪問し、彼の親と話を重ねた。小森の一年上の兄は日田高校の野球部に入ったが、選手層が厚くてなかなかレギュラーを取れない。その分、小森は自分が晴れ舞台に出て勝利への力になろうと意気込んでいる。兄貴の分まで頑張ろうという思いがプレーに対する気持ちを高揚させ、気遣いの面でチームをまとめる方向性を失っていた。

指導者二人は、キャプテンを再検討し始めた。

チームの体制作りと平行して、激しい練習は続けられた。松尾の基本路線は明快だ。彼自身は高校の時、厳しい練習で徹底的にしごかれた。その結果、毎日限界まで追い込んだという確信が心の支えとなり、試合中の苦しい時に精神的なゆとりを持つことが出来た。だから、「こいつらにもその支えを植えつけてあげたい」と言う。

松尾コーチによる激しいノック

そして大学野球部では、選手の自主性を柱としてチームが成り立っていた。そのことから、「自分で考えて解決する力が本当の支えになるので、コーチとして選手たちに考えるヒントを与えるよう心がけています」と言う。
しかし高校生相手にはあくまで猛練習による確信の育成が主眼である。盲目的なスパルタが全否定された二十一世紀に、松尾のスパルタ方法論が新たな指導技術として結果を出すのだろうか。

松尾の確信は、「しごき」によって技術が向上するというのではない。技術は科学的な指導によって伸ばす。実際、高野連によって練習試合が禁止されている十二月からは、基本練習に立ち返って捕球の姿勢を再確認する作業に手をつけた。これは大塚と共に参加した指導者講習会で得たヒントから始まった。監督やコーチも常に前進しなければならないし、彼らには「指導者としてもっとレベルを上げたい」という欲がある。科学的な理論もどしどし吸収する。その上で松尾は、苦しい時に自らの力で立ち直る精神の復元力を鍛え上げるには、グラウンドで徹底的に追い込むことが科学的な方法論だと信じているのである。先の日田高戦で不足していたのは、まさにこの復元力であった。

大塚は松尾の指導方針についてこう言った。

「彼ほどの情熱でやれば必ず結果が出るので任せてます。それに、気をつけてもらえばわかりますけど、いくら怒っていても、うまくいったら、『ほら、やれば出来たじゃないか』と必ず言ってくれてますよ」

その松尾から、来春の公式戦に向けて思いも寄らぬ言葉が出た。

「春は勝ちますよ」

春の九州大会予選はトーナメントだ。シード校がまんべんなく配分され、弱小校はシード校に当たる可能性が高い。日田三隈の相手は、まず実力で上回る学校と見るのが順当だ。それに練習試合でたまに勝つとはいっても、真剣勝負での勝利を知っているチームとの差は大きい。それでも勝てるのか。

「見ててください。やることはやってますから」

日田三隈が公式戦で勝てば事件だが、その重大事に自然体で立ち向かおうとしている。松尾にとっての公式戦勝利は、日常から乖離した目標ではなく必然性の延長にあるのだ。彼の中では、もはや夏の三十二連敗は過去の記録になっている。

「それは、僕らには関係ないことです」

もちろん勝ちを知ることが強いチームへの特効薬だということを、松尾はよく知っている。ただし今現在彼が出来ることは、毎日の練習によって技術と精神力を一日ずつレベルアップさせることだ。その方法は間違っていなかった。約束された敗者たちは、三年の歳月をへて「試合に臨んだ結果、敗戦が多い」といったレベルにまで辿り着いていた。そしてこの手応えを一番感じているのが松尾であった。

ただし、勝つための様々な方策を選手たちが身をもって体験ずみかどうか、いわゆる「勝ち味」を知っているかどうかが、伝統校との差である。日田三隈に不足しているのは、この部分だ。悲しいことに、入部した時から彼らは敗北の伝統しか持ち合わせていない。そして現在のままの力では、本当の勝利は得られないことを選手が一番よく知っていた。練習試合で、相手が控え選手の力をテストするオーダーを組まない限り、なかなか勝つことは出来ない。

この日の練習試合は10対5で勝ったが、大塚がレギュラー二人を外して据えた灸がこたえたのか、選手全員に喜びの表情はなかった。この試合は、監督がスターティングオーダーを読み上げた時に、チームが勝つことを求めていないと選手全員が感じ取っていた。

大塚は試合の数日前、選手に言ったばかりだ。

「野球をやる目標は勝つことだけど、目的は一人前の人間になることだ」

彼が羽室台高校時代の監督であった木村隆一は、後にチームを大分県代表として秋の九州大会に出場させた。その数日後、投宿した旅館の主人から木村宛に、「選手たちの挨拶と礼儀には感服しました」という手紙が届いた。彼は、「その時、高校野球の指導者になって本当によかったと思った」と、後日談を残している。

大塚は大学卒業後、この監督の元で二年間野球部の指導を手伝っている。大塚がこだわる人間教育の根底はここにある。日田三隈高校の村岡秀俊校長も言う。

「確かに勝つまでにはもう少しですが、部員たちが礼儀正しくなったと父兄や教師みんなが喜んでます」

大塚の目的は達しつつあるのか。人間教育と勝利という両立しそうにない二つの目的の間で、監督とコーチは戦っていた。大塚は言う。

「今は勝てそうなチームになってきたこともあって、技術的な指導が多くなってます。でも人間教育とのバランスだけは崩したくない」

大塚の柔と松尾の剛。このバランスを保ちながら日田三隈野球部の人間教育は続く。

野球という教育

この年の秋、初代部員の長澤はひょっこりと母校のグラウンドに来ていた。卒業して二年目である。

「やってるかなあと思って」

彼は卒業後も度々ここを訪れている。その日たまたま練習試合が行われていたが、それを知らずにやって来た。いなければそのまま帰るつもりだった。そんなことを、卒業して二年間繰り返している。

長澤は、純朴さをそのまま身に纏ったような青年である。柔らかな笑顔で応対する。「大塚にしごかれたか」という問いに、まず気を遣って「いえ、そんなことは」と言い、「そんなはずないでしょう」と向ければ「実は」と申し訳なさそうに答える。

そのうち、「たまたま今日、後輩が日田に帰ってるので呼びましょうか」と申し出る。「こいつを裏切ると罰が当たる」というタイプの真っ直ぐな男だ。ガソリンスタンドで働いている。

「時間がないし、仕事がきついので野球はやってません」

そうでなくてもやらないだろう。上手でもないし、日々の生活の一部分に据えるほどの野球好きではない。

それでも、たまの休みにはグラウンドに来る。

「今のチームはすごいですね。試合になってる」と、目を細めている。そしていつまでも、自分を育ててくれたグラウンドに向かって立っている。

「仕事は楽じゃないけど、あの時のきつさに比べたら何でもないです」

もう一人の初代部員で当時のキャプテン穴見は、営業マンとして大成しそうなタイプだ。人当たりがよく、頭の回転が早い。はじける笑顔が武器だ。今は宮崎にある工業大学に通っている。その穴見が、偶然グラウンドへやって来た。

「おう、長澤、久しぶりー。ああ、どうも始めまして。穴見といいます」

せっかくの休みになぜここへ来るのか。

「大塚先生に会いに。だいたい親よりも先ですよ」と、笑顔を見せる。日田へ帰った時には必ず大塚を訪ねる。彼も長澤と同様、大塚信者だ。三年生になった時、二人とも退部したが、夏の大会を前にして大塚の元に戻った。

「あの時野球部に戻って、大塚先生にしごかれてよかったですよ。本当に」

やはり今は野球をやっていない。スポーツはもっぱらサーフィンだ。

二人の初代部員は、野球自体を好きではなかった。ただ大塚が好きで、青春をぶつける場所にグラウンドを選んだのだ。その青年たちが野球体験をへて「間違いのない男」に育とうとしている。大塚の言った「指導者を作りたい」とはこのことかもしれない。他人の気持ちをおもんばかり、人の立場を尊重し、目的を持って自主的に行動の出来る人間を育てたいということではないのか。

大塚は「野球は人間教育だ」と言った。それはどの監督も言うことである。「勝つ」と宣言するよりも安易なコメントだ。勝って甲子園に進むのは現実離れしているが、教育ならそれなりの結果は出る。実際、野球に打ち込めば少年はどこかしら成長するはずである。「ほら成長しただろう。野球は教育だ」というわけである。

ただ大塚は創部当初、野球をやることすら出来なかった。グラウンドが使えない、部員は足りない、キャッチボールも出来ない。その環境で何を目的にするのか。それは人間教育以外になかったともいえる。当初は野球の技術を教えながら、人格を鍛え上げることに腐心した。

穴見と長澤は野球に関わる行為の中から肉体を鍛え、我慢を覚え、思いやりを育てていった。そして大塚の包容力に感じ入って大人への指標としたのだ。

彼らは放っておいてもこのグラウンドに戻って来る。大塚が転勤すればそこに赴くだろう。

「いやあ、今のチームはすごいですよ。僕らの時には考えられない」と、穴見は感嘆している。

しかし、いっぱしのグラウンドで野球に打ち込み、勝利さえほのかに見えてきた今の部員たちが、この二人のように大塚とグラウンドを慕ってここに戻って来るだろうか。穴見と長澤はこのグラウンドを文字通り作った。大塚に体当たりすることで、確固たる関係を築いてきた。今は父母会とOB会の助力によってグラウンドの周囲にネットが張り巡らされ、グラウンドには大塚がリクエストした甲子園と同じ土が入っている。

「この土の上で、甲子園を夢見て欲しい」

そして大塚は母校のネットワークを生かし、毎週のように練習試合を組んでチームを育てている。今の野球部は「先生とおまえら」ではなく、「監督と部員」で成り立っているのかもしれない。大塚が直面する人間教育の難しさは、ここにある。

今年の春、大塚は部員たちにこう言ったことがある。

「この野球部を起承転結で言うならば、起が終わってようやく承の段階に入ってきたところだ。この先、君たちがどう育って後輩に繋げていくか、大事な一年になる」

選手たちは確かに野球に打ち込んでいるが、向上心の在処がどこなのか大塚にも摑めないことがある。苦笑いの中からこんな言葉が出る。

練習を見つめる大塚監督

「あいつら、ケガして包帯巻いたら何ともうれしそうな顔するんですよ。しばらく無理です、とか言ってね」

野球部復活四年目、教育から勝利への分岐点で大塚のジレンマは深い。

この日の練習試合では、明らかな配球ミスがいくつかあった。それでもベンチから球種のサインは出さない。大学時代にキャッチャーをしていた大塚が、自分の考える配球を押しつけずにまだ見つめている段階だ。試合後、大塚がつぶやく。

「投球の組立とか、聞きに来ればいくらでも教えるんですけど。こうやったら成功があるかもしれないよという道を提示するのが監督の役割だと思います。成功は本人がやったことへのご褒美でしょうね」

しかし指標を提示しても、望み通りの結果になるとは限らない。努力したことと勝つことは必ずしも直結しない。その現実を直視するのは、監督として辛い。だが敢えて大塚は言う。

「どうなるにしても、その子が積み重ねていったものが結果です」

だからこそ、「負け」いう結果を「人生の敗北」と同義にしたくないのだ。選手が日々の練習で向上しようとする気持ち、そして技術を積み重ねようとする努力にこそ、彼らにとっての勝利がある。そのためにタイミングを計って「やれば出来るじゃないか」と自信を持たせ、選手を人間教育の好結果へと後押しするのである。以前大塚が言った、「努力すれば報われるということを監督が信じていないと、選手は救われない」という彼の指導方針のベースが、ここにある。

しばらく姿の見えなかった穴見と長澤が現れた。選手たち十五人分の差し入れのパンと飲み物を両手に下げて、大塚のいるベンチへ小走りで向かって行った。やがて戻ると、父兄や関係者に頭を下げて帰って行った。

試合が終わり、部員たちは黙々と後片づけをすませて部室へ向かった。

誰もいなくなったグラウンドで、「穴見や長澤は、監督が試みた人間教育の結果なのか」という問いに、大塚はしばし考えた末、謙遜しなくてもいいかと吹っ切れた表情で、こう言い切った。

「結果と言っていいと思います」

年が明ければ、ＯＢを含めたすべての部員たちに三十三年目の夏が来る。

五年目の春、初勝利に向けて

二〇〇一年春、沖縄遠征

二〇〇一年を迎えた。

三月に入り、チームは強化遠征を行った。父母会の支援で沖縄遠征を企てたのである。新チームになって、父母会の活動が一層活発になった。長尾の父を会長に、二年生の親が中心になってチームを後押ししている。

この遠征は、選手たちがどんな環境の中でも力を発揮出来るようにという目的で企画されたが、参加を募集してみれば選手の半数以上の父母が同行する大遠征となったのである。

大分県大会は東部の海沿いにある大分市や臼杵市で行われる。県の一番西の端に位置する日田市から車で三時間ほど走る距離なので、午前中の試合には泊まりがけで臨む。そのためには、枕が変わっても熟睡できる図太さが必要だ。大塚は、野球王国の沖縄に渡っても臆することなく試合が出来るような、精神面の成長に大きな期待を賭けていた。

全員が戦いに集中した沖縄遠征（バッターは長尾君）

練習試合が解禁された三月九日の午後、チームと父母の一行は那覇空港に降り立った。その日、エースの湯浅は風邪をひいて四〇度の熱を出していた。父母は心配したが、大塚は湯浅が成長するチャンスだと思った。本人は「投げられる」と言っている。とにかくマウンドに上げて、どういうピッチングをするか見てみたかった。選手全員が成長するように企てられた遠征が、それに加えて、エースの底力を見定めることも大きな目的になった。

翌十日、北中城高校との試合が行われた。

大塚は先発に湯浅を起用した。湯

浅は熱のために緊張やいきり立つことがなく、淡々としたピッチングをしている。キャッチャー梅木のサイン通りに無心で投げ、五回までフォアボール二個を出しただけで、ノーヒット無失点に抑えた。

先発投手としては、無駄な力や神経をすり減らさずに中盤まで投げるという理想のマウンドだが、発熱で体力を消耗している湯浅には早々に限界が訪れた。六回になると一気に疲れが出て球威を失い、5点を奪われて一年生の江藤に交代した。この試合、日田三隈は0対5で敗れた。

その日の二試合目、嘉手納高校との対戦である。この試合は江藤が先発した。江藤は初回に2点を失ったものの、追加点を許さない。しかし五回、0対2とリードされてツーアウト満塁のピンチを迎えた。ここで大塚は、再び湯浅をマウンドに上げた。まだ試合を捨てる場面ではない。むしろ、ここを凌げば流れが変わって勝ちパターンに持ち込める好機だともいえる。この交代は、不調の湯浅を試す目的よりも、エースを出して勝ちにいく采配であった。

しかし、湯浅はエラー、ワイルドピッチに三塁打を浴びて4点を失い、流れは負ける方向に進む。その後湯浅は八回に6点、九回に2点を奪われた。意識は薄れ、体力の限界を感じながら投げ続けた。結局彼は最後まで投げ、13失点を記録して試練のマウンドは終わった。

しかし、大塚は、この試合で手応えを感じた。対戦相手には失礼だが、最後の二イニングを続投させたことで、湯浅の限界を見ることが出来た。

翌日の一試合目、首里戦には湯浅を出さなかった。先発の大役を担った江藤は、六回に勝ち越されて試合に負けたが、4対6の僅差で完投した。エースのいないことが、二番手投手の自覚と成長を促した。

その日の二試合目、沖縄遠征最後の試合は真和志高校との戦いだ。この試合、やはり江藤が先発した。江藤は六回まで4失点で踏ん張ったが、七回に5点を奪われ、菅原にマウンドを譲った。

大塚は八回の始めから、湯浅をマウンドに上げた。しかし彼には、監督にエースらしいピッチングを披露する力はもう残っていなかった。その回、六人に投げて2点を失った。最終回は再び菅原が投げ、2対12で試合を終えた。結局沖縄遠征は四試合全敗に終わった。

しかし、選手たちはこの三日間、物見遊山の気持ちを振り捨てて野球に没頭した。日田三隈ナインは、エースが不調の時にチームがどうまとまるかという宿題を投げかけられ、それを解くために全員が戦いに集中した。大塚のチーム作りはこの遠征で大きく進展した。湯浅の奮闘はもちろん、控えピッチャーの江藤がよく踏ん張って投げた。しかしそれは、エースの脱落がもたらした効用だった。チームはすべてエース次第だということが、はっきりした。

「あいつが最後まで投げ抜いたことが、大きな財産になりましたね」

湯浅をエースとして認めてもいいと思った。この日、日田三隈野球部復活以来、初めてのエースが誕生した。それまでの先発ピッチャーもチームを背負って投げていたが、勝つためではなく、試合を終わらせるのが役割だった。ストライクを投げ、打たれたボールが野手の正面に飛べばアウトが取れるという目的で投げていたのだ。

しかし、この遠征でチームが得たものは、自分の限界を知り、その中で勝利のためにパフォーマンスを発揮出来る、本来のエースピッチャーだった。

日田三隈のグラウンドに戻った後も、チームは一段の成長を見せていた。大塚は言う。

「湯浅はずいぶんコントロールがよくなりましたね。低めのカーブで勝負するのでワンバウンドがあるんですよ。その点、キャッチャーの梅木が後逸しなくなったのも大きいですね」

春の公式戦に備えて、大塚は四人一組でのバッティングを取り入れた。打った後に全力でワンベースずつ走り、四人目が打ってホームインした選手は、またすぐにバッターボックスに入る。息の上がった状態で、冷静なバッティングが出来るようになるためのトレーニングである。

大塚はある日、その練習を止め、夕方の練習で全くバッティングをしなかった。選手から、

「バッティングをしたい」という声が出た。要求が出て、それだけだった。もっと自主性が欲しい。どうしたらいいのかを、選手から提案するようにならないと成長はない。試合になれば自分の頭で考えるしか方法がないのだ。

「朝の自主トレでバッティングをすればいいんですよ。打ちたければどうすればいいかを考えたら答えが出てくるでしょう。その辺も含めて、自分で考える野球が当たり前にならないと」

松尾が指導する練習を大塚は遠くで見ている。選手のやる気は充分あるように見えるが、勝とうとする気持ちがどれほど高まっているか、大塚にもわからない。今が気持ちを盛り上げる時期かどうかも結論は出ない。高校生は日々成長する。試合ぎりぎりまで練習を重ね、試合前日に臨戦モードに持っていくのが理想かもしれない。ただし、練習のベースに、勝ちたい気持ちは欠かせない。選手たちが何のために練習するのか、なぜ技術を伸ばしたいのかということを、大塚は探っていた。

「野球は個人技術ですから。それが結集して勝ちに繋がるという意味でいうと、モチベーションよりも技術を伸ばしている段階ですね」

春の大会は秋の延長だ。春休み中の試合なので新一年生は登録できない。しかし日田三隈にはすでに新しい光が射し込んでいた。十四人の新入生が入部を希望したのだ。彼らは三月に入学が決まってから、練習生としてグラウンドに出て来ている。その中には、即戦力になるほどレベルの高い者もいる。上級生に危機感が増した。新二、三年生も、ほとんど中学校の野球部出身者だ。しかし同じ野球経験者でも、入学当時の技術的なレベルは年々上がっている。新年度になれば誰がレギュラーになるか、全くわからない状況になった。

「それは感じますね。新入生の底上げがいい影響になってます」と監督は目を細める。レギュラーの座を脅かされる上級生たちは、大会までの数日間でもまだ伸びしろがある。

「これまでやってきた成果も出ているし、確実に力がつきましたね。今、攻撃で一、三塁になった時のトリックプレーを練習してるんですよ。姑息だけど、勝つための方法論ですから」

それは例えば、バッターがスクイズの構えから空振りすれば、一塁ランナーは必ず二塁に進塁出来る。キャッチャーは慌てて暴投するかもしれないし、スクイズのサインが出たのに空振りしたのかと疑心暗鬼になり、無用なボール球を要求するようになる。確かに姑息といえなくもないが、紛れもない勝利への方法論である。しかしこの考えは明らかに弱者の論理だ。相手のミスに付け込んで主導権を握るのが勝者の戦いで、ミスを期待するのは相手を上に見ている証拠である。

ただしこの練習を繰り返すうちに、自分の身を逆の立場に置いて考える効用が生まれた。

走者が動くことを繰り返すうちに、守備に就いて相手にかき回された時の心の準備が生まれ、守りが随分落ち着いたのである。キャッチャーの送球も次第に安定してきた。

攻守に渡っていくつか練習の成果は生まれている。しかしこの技術が勝ちに繋がるのだろうか。ピンチになった時、練習したことが確固たる技術としてチームを支え、勝利への裏づけとなってくれるのかどうか、大塚にはわからない。選手たちは無心で戦えるのだろうか。それとも勝ちを意識して自滅するのか。

初めての勝利

三月二十五日、春の甲子園大会が開幕した。同じ時、甲子園に行けなかったチームは九州大会予選に挑む。

二十七日、日田三隈高校は、双国高校と対戦することになった。

相手のエースピッチャーはストレートがいい。日田三隈の上位打線は打ち返せるだろうが、下位バッターは力負けしそうだ。守りに目を転じると、双国は三、四番に強打者を揃えている。やはり戦力は一枚上だ。日田三隈の苦戦は必至である。

ところがある要素を加味すれば、下馬評は互角となる。実はここに来るまでに、この戦いには大きな伏線が張られていた。十日前、日田三隈と双国高校は練習試合を行った。九州大会予選の組み合わせが発表される前で、偶然だった。この試合で大塚は、エース湯浅を出さずに7対13で完敗したのである。もちろん故障ではない。双国と当たるわずかな可能性を考え、エースを見せなかった。ちょうどプロ野球のパリーグで前後期制が始まった一九七三年、野村克也率いる南海ホークスが前期優勝した後、後期の優勝を果たした阪急ブレーブスに後期全敗して油断させプレーオフで勝った、いわゆる野村の「死んだふり」戦略と同類である。一九六九年生まれの大塚が、当時スポーツ界の話題をさらった策略を知る由もないが、重要な試合を前に「死んだふり」を仕掛けた大塚は、紛れもなく策士である。

この試合に臨む双国ナインの心に、「日田三隈与《くみ》し易《やす》し」というわずかの隙間が生じたのは間違いない。

試合前、大塚は全員を集めて言った。

「自分のいいプレーを思い出して、思い切ってやろう。負ける相手じゃないよ」

グラウンドに送り出す前の言葉は、基本的に、イメージを喚起することと、勝てるという自信を与える二つのポイントで成り立っている。そして卒業生から差し入れがあったという報告も忘れなかった。「俺たちはたくさんの人に支えられている」という大塚の意図は選手に伝わった。

この年からキャプテンに菅原が指名されていた。彼は内野もこなすが、秋の新チームになってからはリリーフピッチャーが主な仕事になっている。勝ち試合で最後の二、三イニングを抑える、責任の重い役割をこなしている。大塚と松尾は、その責任感を見込んで菅原をキャプテンに指名した。彼が新三年生でただ一人スタメンでない分、部員は菅原の立場を気遣い、彼が率先して取り組む練習態度に一目置いた。菅原は監督の意を汲んで、選手全員に言った。

新キャプテンに指名された菅原君

「みんなが見ていてくれる。応援してくれる。恥ずかしくない野球をやろうぜ」

そして数カ月前に「春は勝ちますよ」と不敵な自信を見せた松尾は、やはりこの日も落ち着き払っていた。

「いい試合が出来ますよ。見ていてください」

試合前に日田三隈の指導者が自信を見せるなど、これまでにないことだった。

俊足好打のリードオフマンが育っていない日田三隈は、調子のいいバッターを一番から並べる打線を組み、連打での得点を目論む。

試合前のシートノックが終わり、ベンチ前で日田三隈ナインは二人一組になり相手の胸ぐらを摑んで大声を上げ始めた。一種のトランス状態に入っていく。邪念が取り払われ、平常心が呼び起こされる。ベンチで試合を見守ることになるキャプテンの菅原は、「楽しんでいこうぜ」と、仲間をグラウンドへ送り出した。

プレイボールがコールされた。

一回表、双国の攻撃である。トップバッターが初球をいきなり右中間二塁打を放つ。先発の湯浅にとって、よくあることだ。これまでのパターンは、ここで連打を浴びるか、粘り強く凌ぐか、二つに一つ。5、6失点か1失点かというほどの分岐点に立った。

湯浅は表情を変えないので、動揺しているかどうかわからない。次のバッターがバントで送ってワンアウト三塁から、湯浅は三番バッターを三振に取った。しかし四番バッターに二球目のストレートをセンター前へ運ばれた。

やはり勝負を急いだ。1点を挙げられ次のバッターもヒットで一、二塁になった時、日田三隈はタイムを要求した。絶妙のタイミングだ。これまではこういう場面で浮き足立って大量失点になるパターンが多かった。マウンドに内野手が集まって一息入れる。これで湯浅は平常心を取り戻し、六番バッターにゴロを打たせ、ショートの財津も落ち着いて捌いた。初回、1失点で切り抜けた。結果は「吉」と出た。

その裏、日田三隈の攻撃。先頭の吉田がフォアボールを選んだ。続く小野が送りバント。しかし三番バッター小森のピッチャーゴロで吉田が三封された。四番に抜擢された梅木が内野安打、五番長尾がエラーで続く。ツーアウト満塁になった。ここで六番湯浅がセンターに運んで同点。さらに財津はフォアボールを選び、井上がデッドボールと続いた。

3点をもぎ取ってなおツーアウト満塁だ。ここで双国ベンチが伝言を送る。バッターは九番樋口だ。彼はセカンドの守備でチームを支えているが、バッティングはあまり期待できない。これまで双国のミスが絡んで3点を取ったが、相手のミスに付け込んで試合をものにするためには、これからの攻撃が試金石になる。樋口は1―0から打ち急ぎセカンドゴロとなった。ところがこれを双国のセカンドがエラーし、ボールはファウルグラウンドへ大きく転がった。野手が追いかけてボールを処理する間に三人のランナーが還り、日田三隈は「棚ぼた」の6点を挙げた。

思いもかけぬプレゼントが日田三隈の手に渡った。ミスに付け込んだ訳ではないが、楽に戦えるはずの日田三隈が思いのほか力強いバッティングを見せたことで、双国の守備が浮き足立った。日田三隈の気迫がミスを呼んだと言える。バッターランナーの樋口は三塁でアウトになり、チェンジとなった。

一回を終わって6対1である。公式戦でこんな試合はなかった。日田三隈の選手にとって、これほど大きな勝機を得たことは初体験である。しかしあまりに先が長すぎる。彼らにとって5点差でこれからの八イニングを守り抜くのは辛い。相当高い集中力でピンチを凌いでいかなければ逆転されるだろう。無心を貫けばひょっとして勝利が転がり込むかもしれない。

しかし、勝ち慣れしていない選手たちにとって、勝利が頭をよぎるようになると集中が途切れて足元をすくわれる。終わってみればやはり日田三隈は勝てなかったという、何度も見てきたストーリーが展開することは容易に想像できた。

二回の表、さっそく双国の反撃が始まった。ワンアウトからヒットでランナーが出る。次のショートゴロで二封し、ツーアウト一塁のままだ。ところが次の一番バッターにライト前ヒットを打たれ、続く二番バッターにストレートのフォアボールを与えて満塁になった。

日田三隈はすかさずタイムを要求し、「落ち着いていこう」と一息入れた。試合はまだ始まったばかり。失点しても慌てる必要はない。しかも5点差あるので、ここは細かい指示よりも気分転換で流れを変えることが重要だ。タイムを取ったタイミングも話す言葉も当を得ていた。

気を取り直してクリンナップに立ち向かった湯浅は、三番バッターにストライクを狙われ、センターオーバーの大きなフライになった。しかしセンターの小野はあらかじめ深く守っていた。

試合前夜のミーティングは、監督が話を終えて座を外した後、選手だけで行われた。その日はバッテリー、内野、外野とポジション別に話し合ったのだが、外野組はライトを守る長尾を中心に、「相手のクリンナップは長打力があるので深く守ろう」と意思統一をしていたのである。湯浅の球質が重くないことも前提にあった。こうして日田三隈ナインは理詰めでピンチを切り抜けた。

その裏、日田三隈は吉田がレフト前に運んで出塁し、続く佐藤のバントで二塁へ進んだ。そして小森が左中間に運び1点を追加した。双国はたまらずピッチャーを交代したが、大塚はそのピッチャーを見て、「ストレートに力はあるがセットポジションで崩せそうだ」と感じた。その回は1点で終わり、二回で7対1とした。

三回と四回は双国が淡泊な攻撃に終わったのに対し、日田三隈はセフティーバントなど小技を交えてピッチャーを揺さぶりながらランナーを溜めた。しかし結局無得点に終わり、試合は中盤に入った。

五回の表は双国の先頭バッターが二塁打で出塁。続く三番のセカンドゴロの時、スタートを切っていたランナーが一気にホームイン、双国は1点を返した。

その裏、日田三隈は三者凡退でチェンジ、グラウンド整備に入った。しばしの休憩の間、スコアボードには7対2という信じ難い得点が記された。

スタンドでは野球部のOBが太鼓を叩いて応援している。セカンド樋口の兄、樋口幸太郎もいる。彼は今年卒業したばかりだ。幸太郎は野球部が復活した翌年に入学し、創生期のチームを引っ張ってきた。彼の先輩は、三年の穴見、長澤と二年生の佐藤大作という素人軍団で、幸太郎など三人の一年生が中学校で野球をやっていたとはいえ、公式戦で勝負が出来るなど夢のまた夢であった。高校生活の三年間、敗北しか知らない青年が戦況を見守っている。弟が今、勝利という未知の世界に挑戦していることが信じ難いという表情だ。

「相手がじわじわきてますね。あと四回ですか。でも5点差ですから何とかなるかも。もし勝ったら大塚先生を胴上げしたいですよ。ほんとに」

グラウンド整備の空き時間に大塚は、「一つひとつのプレーを確認しよう。これからきちっと1点取るぞ。流れは五分だ。後半、気持ちを強く持っていけ」と檄を飛ばした。

試合が再開される。ところが六回表も湯浅は先頭バッターをバントヒットで出し、一番バッターのタイムリーで失点した。スコア7対3と、双国が迫ってきた。

その裏、日田三隈はエラーにフォアボールを交えてワンアウト一、二塁と攻めるが梅木のサードライナーがダブルプレーとなり、得点出来ない。

そして七回表、湯浅はツーアウトを取ったが、双国三人目のバッターをカウント2―0と追い込んでからセンター前に運ばれた。勝負を急ぐ癖が出ている。そして続く六番バッターには初球を三遊間に打ち返されショート内野安打になった。

続く代打は意気込んで力が入っている。湯浅ならかわせそうだ。ところがカウント2―2から打ち取ったサードゴロが暴投となり、1点が入ってなお二、三塁にランナーが残った。七回表で7対4。この場面は試合を決すると言っていい。

双国は代打を送る。大塚は伝令を出した。キャプテン菅原がマウンドに走る。「ここはていねいに低めを突いていけ。ゴロを打たせて内野で打ち取ろうぜ」

湯浅は指示通りボールを低めに揃え、バッターをセカンドゴロに打ち取った。ファーストの吉田がボールを取った瞬間、日田三隈の応援団が陣取る三塁側スタンドが大きな溜息に包まれ、間髪を入れず歓声が弾けた。

その裏から双国は、エースナンバーを付けた左腕のカーブピッチャーをマウンドに送った。日田三隈はカーブが打てない。松尾コーチは、「ここだけの話」になると、はっきり言う。

「うちは全員真っ直ぐ狙いです。カーブ打ちの練習はやってません」

このところ日田三隈は、他校に「侮れないチームだ」と見られ始めている。相手は若干の情報収集を行うが、出てくる答えは明快だった。「日田三隈はカーブが打てない」。そして最善の対策が、このカーブピッチャーである。ただ双国にとっては序盤の大量失点が誤算だった。エースを温存したのも裏目に出た。しかしここで双国は、勝つための体制を全て整えた。

この回、日田三隈の攻撃は一人のランナーを出したがカーブで2三振を喫し、無得点に終わった。流れは双国に移ろうとしている。日田三隈ナインへ、徐々に精神的な圧力がかかり始める。

八回表、湯浅は双国の九番バッターにライト前へ持っていかれた。続くバッターはセンターフェンス前の大きなフライでワンアウトを取ったが、二番バッターにライト前ヒットを打たれ一、二塁となる。次の三番バッターはまたもセンターフェンス前の大飛球でツーアウトになった。外野の深い守りが功を奏しているが、ぎりぎりのディフェンスだ。

続く四番にはサード強襲のヒットを打たれツーアウト満塁となった。長打が出れば同点。そうなれば日田三隈は負けたも同然だ。しかし五番バッターは、しっかりバットの芯に当てたもののセカンドライナーになり、日田三隈は辛うじてピンチを脱した。

その裏、日田三隈はサードまでランナーを進めたが無得点に終わった。

そして7対4のまま、九回を迎えた。双国の攻撃は、先頭バッターがセンター前ヒットで出塁する。続く七番バッターがセフティーバントを試み、この打球をピッチャーが取ってファーストベースに送ったがセーフとなった。ランナーが二人出た。続くバッターも送りバント。ワンアウトで二、三塁になる。

このバントは日田三隈にとって幸いだった。3点差を追っている時に二人のランナーをバントで進めてもさしたる意味はない。双国は日田三隈の内野が浮き足立っていると見て、エラーを期待した送りバントを試みた。確かに去年の秋の大会、対日田高戦で全く予想していなかった送りバントに慌ててバッターを生かし、試合の流れを握られた。緊迫した場面の守備で平常心を失うのも日田三隈の弱点として相手に摑まれていた。だがこの場面で、日田三隈ナインは落ち着いていた。

内野手はタイムを取るとマウンドに集まった。ここでサードの小森は、「三遊間を締めて守ろう」と守備位置の確認をしている。「落ち着いていこうぜ」といったような、漠然とした精神論ではない。秋の敗戦を糧にして、選手たちは勝つための方策をいくつか身につけていたのだ。このタイムによって、日田三隈ナインがバッターを打ち取る確率は上がった。

この頃、ベンチの方が浮き足立っていたかもしれない。大塚は松尾に向かって、「おい、伝言出そうか」と言葉をかけた。しかし松尾はその声に答えず、じっと下を見てスコアを付けていた。そこに記すことなど何もない。松尾のペンは動かず、視線を誰とも合わせようとしない。彼は外部からの刺激を必死に遮断しながら、胸の底からあふれ出す涙をこらえていた。

グラウンドでは選手たちが戦っている。湯浅はカーブとストレートを配合してバッターを追い込み、ショートフライに打ち取った。

ツーアウトを取った。当たっているトップバッターに戻る。湯浅には、バッターが初球から打ち気にきているのが見えた。ボール球から入り、カウント1―1になった。三球目。彼はゆっくりとしたセットポジションから大きくテイクバックを取り、渾身のカーブを投げ込んだ。ボールは一閃されたバットの下に当たり、元気なく湯浅の前に転がった。湯浅はグラブを挙げ「オーライ」というジェスチャーをする。そして目の前のボールを慈しむように両手で拾いファーストへ。

この瞬間、日田三隈高校野球部は、実に十五年ぶりの公式戦勝利を挙げたのである。

終了の挨拶を終えると、大塚も、鬼コーチ松尾も、そして選手全員が泣いた。大塚が日田三隈グラウンドの草むらに立ってから四年の歳月が流れていた。野球の出来る選手が集まっ

試合後の挨拶を終え、ベンチに戻る日田三隈ナイン

てようやく戦える軍団になり、少ない駒をやりくりしながら試合らしいことが出来るようになった。しかし今日まで、戦う度に勝利への道のりの遠さに打ちひしがれていたのだ。勝ちを宣言していた松尾が笑顔で球場から出て来た。

「まさか本当になるとは。いやあ、うれしいですね。湯浅がある程度打たれるのは折り込みずみでした。球数が少なかったんで最後までリズムを保てましたね」

と、会心のゲームを振り返った。

大塚にとっても勿論、野球人生に残る試合となった。勝ったというが、何しろ公式戦で九イニング戦ったのはこの試合が初めてなのだ。

2001年３月27日、対双国高校戦スコア

イニング／チーム名	1	2	3	4	5	6	7	8	9	計
双　国	1	0	0	0	1	1	1	0	0	4
日田三隈	6	1	0	0	0	0	0	0	×	7

戦前の不利を覆したのは平常心で戦うことが出来たからだ。常にリードした展開で、選手たちの勝ちたい意識を捨てさせながら普段の力を引き出した、大塚監督のファインプレーでもあった。試合中監督は、選手の平常心を呼び戻すように息も抜けない苦労をしたに違いない。

ところが試合が終わって球場から出て来た大塚は、無心で戦ったという話題に、きょとんとして意味が掴めないといった顔をした。

「無心ではなかったですね。勝つための気持ちの持ち方を意識させました。選手もそのつもりで野球をやってました。タイムは梅木が二回、小森が一回取ったし」

抜群のタイミングで取った三つのタイムは、選手が自発的に要求したものだった。選手たちは九イニングの間、勝ちを意識して戦っていたのだ。

キャプテン菅原は目の周りを真っ赤にして歩いて来た。このチームになってキャプテンを引き受け、監督、コーチと選手の間で緩衝帯になってきた。試合になると抑えのピッチャーとして緊張を保ちながら試合を見守り、グラウンドにいる選手の気持ちを盛り上げるよう心を砕いた。

人の苦労に大小はないが、この勝利で最も報われた選手かもしれない。そして彼は、キャプテンとしてチームの成長を冷静に評価した。

「勝ちを意識しながらプレー出来るようになったと思います。ピンチでも落ち着いて判断出来てます。ベンチとの一体感もあります」

この試合で、監督のサインに選手が戸惑う場面はほとんどなかった。選手たちは、試合の流れと監督の采配を読めるようになっていた。

その日学校に戻った選手たちは、道具を片づけて大塚の周りに立った。

「今日は本当によくやった。この勝利は大きな自信になる。しかし過信するな。自分の力をはき違えるなよ。明後日には二回戦がある。今日の自分に満足するな。セカンドステージの出発だ」

二回戦、対青山高校戦

二回戦は、大分県下で強豪のひとつに数えられる青山高校との対戦である。

大塚は一回戦で完投した湯浅を先発させるかどうか迷っていた。湯浅は、投げるスタミナはあまりない。完投して二日後では、球威が落ちて初回から打たれるかもしれない。試合前日のホテルで、松尾に「タケシでいこうか」と菅原健の先発を相談していた。

菅原は球威がある。完投は無理でも、試合の前半を抑えて後半勝負に持ち込むことが出来るかもしれない。青山は明らかに力が上だが、抵抗出来る可能性があるとすれば、それしかないだろう。

その夜、大塚の恩師である木村がホテルを訪ねて来た。教職になってからの二年間、大塚は母校で野球部のコーチを経験したが、その時の監督が木村だった。二人は外出し、水入らずで話した。

木村は教え子に、「監督をやるんなら、選手権に出るようなチームにならないといかんぞ」と言った。まだ一勝しただけのヒヨコみたいなチームに対して、甲子園を目指せと言ったのである。

大塚は、「湯浅は疲れていて不安なんですよ。菅原の方が抑える可能性が高いと思うんですが」と話を持ちかけた。

木村は大塚にたずねた。

「状態がどうこうじゃなくて、エース以外で行く理由は何だ」

大塚は答えられなかった。

木村は、

「疲れより、一試合経験したというのは大きいぞ。何のために1番を付けているんか。エースでいいんやないか」

と言った。

やはり湯浅以外にないと思った。これで吹っ切れた。大塚はこの時、高校野球の采配が技術以外の要素で成り立っていることを学んだ。

試合当日、松尾がメンバー表を書く。先発オーダーは彼も承知している。選手の名前をスラスラと記し、大塚に渡した。メンバー表を見た大塚の動きが止まった。ピッチャーの名前の欄だけが空白だ。学年だけは「3」と書いてある。彼はそれを受け取るとわずかな笑みを浮かべ、松尾の表情を探りながら背番号の欄に、エースナンバーの「1」を入れた。それから「湯浅敬太」と名前を記し、松尾に渡した。

この時、日田三隈チームの基本方針が定まった。これから夏に向けて、湯浅を唯一のエースとして戦うということだ。

試合が開始された。湯浅は初回にツーアウト一、三塁としたが無失点で切り抜けた。しかし二回にはヒットとエラーで1点を失う。さらにツーアウト二、三塁になったが、三振でピンチを切り抜けた。しかし、三回にもヒットとエラーで1点取られた。

一方日田三隈は、四回まで無得点に抑えられて五回を迎える。先頭の財津が内野安打で出塁、バントで送った後、九番の樋口がライト前に運んでランナー一、三塁になった。そしてトップバター吉田のセカンドゴロの間に財津がホームを踏んで1点を返した。

五回まで1対2、青山リードで試合は後半に入った。湯浅は八回までランナーを出しながら得点を与えない。日田三隈も毎回ランナーが出たが得点出来ず、得点1対2のまま試合は九回にもつれ込んだ。

大塚の恩師木村が言った通り、湯浅は双国戦の完投勝利をへて、驚くべき成長を遂げていた。高校野球のピッチャーは、体力や技術という条件よりも、エースの経験と責任感で投げ抜くものだということを、大塚は知った。

この試合で青山のコーチを務めている八木仁志は、思い通りにリードできない試合展開から、ベンチに充満する焦りを感じていた。

「一回戦で双国が勝ち上がって来るだろうと思ってたんですよ。日田三隈と双国の試合をスタンドで見てたんですが、日田三隈はいつの間にこんなにちゃんとしたチームになったんだろうとびっくりしました。引き締めないとまずいぞと話し合って試合に臨んだんですが、遅かったんでしょうね。気持ちの面で戦う準備が出来てなかった。試合の中盤から終盤にかけては、口には出せないけど、こりゃ、本当にやばいなと思いながら試合をしてました」

九回表、日田三隈の攻撃を迎えた。

先頭の湯浅がフォアボールを選び出塁した。送りバントの後、ピンチヒッター朝井もフォアボールを選び、ワンアウト一、二塁になった。バッターボックスには九番の樋口が入る。一球目、セフティーバントのサインが出たが空振り。二球目は送りバントのサインだが、これも空振りしてしまった。

樋口は新二年生である。去年の秋、新チームになってからレギュラーで使われ始めた。まだ高校野球のグラウンドに立って半年しかたっていない。緊張で金縛りにあっている。ところが三球目、ワイルドピッチでワンアウト二、三塁になった。カウントは2―1である。

大塚は迷わずサインを出した。スリーバントスクイズだ。

「びっくりしました。もう、頭の中は真っ白でした」

この衝撃で、樋口は無心になった。続く三球目、外角高めのストレートが飛んできた。樋口は体ごと飛びつくようにバットを合わせた。ボールは見事フェアグラウンドに転がり、湯浅が同点のホームベースを踏んだ。

「何とかバントが出来ました。普段からスリーバントをイメージして練習していたので出来たんだと思います」

監督の博打ではなかった。最も得点の可能性が高いプレーを選んだだけのことだ。九回の攻撃はそれで終わったが同点に追いつき、奇跡の二連勝へ青山を追い込んだ。

その裏、青山の攻撃は、ショートの内野安打で先頭バッターが出た。ここで湯浅は、次の四番バッターをフォアボールで出した。送りバントでランナーが進み、続くバッターにまたフォアボールである。湯浅を責めるわけにもいくまい。中軸打者を迎え、簡単にストライクを取れないこともある。

「制球ミスでフォアボール二個出したのがまずかった」と湯浅は言った。

この制球ミスがボールに外れる時もまずいが、バッターのツボに入れば致命傷になる。ここまで得点を与えないことでは、エースの投球の範疇だ。

ワンアウト満塁で代打小川が告げられた。見るところ一発のあるバッターだ。湯浅は「カーブで誘いにいって内野ゴロならいいし、ボールでもしょうがない」と、初球は真っ向勝負を避けようと思った。新二年生のキャチャー梅木は、バッターが真っ直ぐに合ってない印象を受けていた。バッテリーの考えがズレている。一球目、梅木は外角ストレートを要求し、ボールになった。

二球目、湯浅は「カーブの方がいい」と思った。だが梅木は「フォアボールは微妙なところが外れたものだ。真っ直ぐが合ってないのでコントロールミスさえなければ大丈夫」と思った。梅木の指からストレートのサインが出た。上級生の湯浅はこれに首を振らなかった。

「どうして振らなかったか、今でもよくわかりません」

湯浅は、「ストレートを投げるなら内角で詰まらせよう」と思い直し、梅木のミットに投げ込んだ。この打席、青山のコーチ八木はバッターの小川に明確な指示を与えていた。

「それまで湯浅投手は追い込んでから変化球でかわしていたので、早めのカウントから真っ直ぐを狙えと言いました。小川は真っ直ぐに強いですし」

ボールは真ん中に入ってきた。小川が振りきったバットにボールが弾かれた。センターオーバーのサヨナラヒットとなった。自分たちで組立を考えたバッテリーの完敗だった。

しかし、この試合で、チームはまた一つ大きな成長を遂げた。キャプテンの菅原は試合中、「みんなで助け合っていこう、ピッチャーを助けて守ろうぜ」とチームの結束を促すように声をかけた。ただその中に、「流れを切ったらまずいぞ」という指示も出している。この大会で日田三隈チームは、試合の流れが勝ちに向かっているか負けに向かっているかということを意識しながら戦った。菅原は言った。

「双国に勝った試合は精神的に疲れました。負けている試合は希望を持って戦えるけれど、勝って逃げ込む試合は気が抜けません」

これまで敗戦の呪縛に囚われ続けた日田三隈ナインは、公式戦の勝利によって、勝つことの苦しさを味わった。負け続けることの方がどれほど楽だろうか。試合が終わって歯を食いしばって泣けばすむ。敗因を並べて、「それでも一生懸命やったじゃないか」と慰めればすべて収まりがつく。

しかしこの日から、彼らは勝ちを求めることしか許されなくなったのだ。勝ちを目指す喜びを知ったからには、言い訳を用意して試合に臨むような負け犬のスポーツはやりたくない。公式戦二試合を、緊張の糸を切らずに九イニング戦った経験と自信が、今後のチームに大きな変革を起こすようになる。

試合後、敗戦投手の湯浅は最後の一球を引きずっていた。試合を背負うエースとして、より強く責任を持って仕事をやりたいと考えを巡らせていた。

「これからは下半身を鍛えて終盤になっても制球が悪くならないようにします。ピッチングの組立が、少しわかってきました」

そしてこの後、試合の大事な場面を迎えると湯浅は首を振るようになり、さらに試合を重ねるにつれて、梅木は湯浅の要求するサインを一発で出すようになる。湯浅は頷いて、納得ずくでキャッチャーミットを目がけ投げ込むようになった。

五年目の夏

夏に向けて

四月に入って新学期になった。

運動場の端にある体育教官室の横に二十九人乗りのマイクロバスが横付けされ、「野球部父母会一同」の名前が貼ってある。

「野球部」の文字が間延びしている。これには訳がある。このバスはバレーボール部のものだった。ところが部員が減って必要なくなり、どこかのクラブが使わないかという話が持ち上がった。いの一番に動いたのが大塚だ。時間を作り松尾を伴って自動車教習所に通い始めた。そして二人一緒に大型一種免許を取ったのである。やがて「バレーボール」の文字が消され、「野球」の二文字が間隔をおいて記された。

父母会長を務める長尾の父親は笑う。

「監督と松尾コーチが免許を取ったんで、バスを引き取らないといけなくなって」

父母会によるプレゼント、野球部専用バス

指導者が免許を取りに行って、親が否応なしにバスをプレゼントする羽目になったのだ。大塚は言う。

「そうですね。免許を取ってしまったんで、しょうがなく寄附してくれたんでしょうね」

策士である。しかし親にとっても渡りに船だった。新年度になって、監督から対外試合をもっと増やす方針が出され、父母会も協力を快諾した。それによって休みの度にレンタカーを借りなければならなくなった。レンタカーは、事故の責任が監督に及ぶことを避けるために親が運転をしていた。しかしマイクロバス導入によって、監督、コーチと選手全員が一台で移動出来る体制が整い、父母会は試合のサポートに心を尽くせばよくなったのである。野球部は一層の機動力を増した。

四月のある日、グラウンドで松尾が話しかけてきた。

「いいのが入ったんですよ」

江藤翼だ。フリーバッティングでは、軽々と外野の柵を越えて一二〇メートル級の飛球を放つ。ピッチャーとしても右の本格派で、球質は重く回転はきれいに上に向かっている。充分マウンドを任せられる素材だ。

「中学一年の時に硬式クラブに入っていたんで、高校になっても硬球に戸惑うことはありません」と、翼は言う。頼もしい限りだ。

彼は日田地区では名の知れた中学生で、有力高校の誘いもあったがすべて断ってここにやって来た。彼は中学野球部の監督に色々な高校の話を聞き、日田三隈へ見学に来て入部を決めた。動機の一つはこうだ。

「僕の力で夏の連敗を止めたいと思いました」

日田地区の中学球児の間では、日田三隈高校が全国一の連敗チームであることは承知の事実だ。殊勝な考えなのか、あるいは「目立ちたい」部類に入るのかはともかく、彼のように勝つことを目的として日田三隈を選ぶ中学生が増えてきたのだ。

松尾は笑いながら言う。

「あいつが監督の癒しなんです。腹が立った時、翼の姿を見ると顔がほころぶんですよ」

高校野球の指導者が中学生を勧誘する時は、選手と直接接触せずに、中学校の監督を通して間接的に自分の考えを伝えてもらう。大塚は日田三隈野球部復活以来、このルールを厳守して中学校を回った。そうやって正攻法で誘ったことに対してこのチームを選んでくれたことが、何よりうれしい。勝ちたいが、正々堂々と戦いたい。それでよければ一緒に勝利を目指さないかというスタンスが、中学生にも理解されてきた。

翼は四番でエースというタイプの、典型的な高校野球プレーヤーだ。彼の他にもレベルの高い一年生が入部し、チーム内の競争が激しくなった。

キャプテンの菅原は言う。

「チームワークは大事ですが、ポジション争いになると、みんなが敵ですから」

大塚にとって、これまでは全員を鍛えて全員野球で戦うことが出来た。しかしこれからは必然的に、レギュラーと二軍という階層に別れる。その中で、スタメンにはなれないが、頑張ってきた選手の喜びの場をどう与えてやれるか。監督の手腕の見せ所だ。

一番レベルの低い者を底上げすることによって全体のレベルが上がるのか、トップを引っ張っていけばそれにつられて全体がレベルアップするのか。相反する教育の方法論が論じられるが、大塚は、能力の高いものを引き上げれば全体のレベルが上がるという考えを採るようになっていた。ただしこの場合、能力順に序列をつけて、さらにみんながトップを意識することがレベルアップの条件だ。大塚が受け持つ保健体育の授業においても、このテーマは避けて通れない。競争原理が不可欠だ。

「学校教育で競争をしなくなってから、子供たちの気質が変わりましたね。野球部の指導も難しくなりました。スポーツをやるのに競争心や闘争心がないとどうしようもありませんから。平等と競争は両立するもんだと思いますけど」

三月までは横の社会であった野球部が、四月になってレギュラーで使えそうな数人を含めて十二人の野球経験者が入部し、縦社会が形成された。ノック、バッティング、フォーメーションの練習を二十四人が平等にやるのは不可能だ。

「これから野球部という社会をどう作るかですね」

大塚は新しい宿題を背負った。

日田三隈が練習や地区大会で普段から対戦している日田地区の高校はみな強豪だが、春の県大会で目立った成績を残せなかった。しかしそれらの伝統校は、必ず夏には勝てる集団を作ってくる。

「それが何なのかは、よくわからないんですよ。もちろん駒の違いはあるでしょうが、このメンバーでも戦えるチームは作れるはずです。ただ本当に勝てるチームにするには、今までとは違う作り方が必要でしょうね」

大塚と松尾はこれまで、選手全員を鍛えて一回戦突破が望めるチームを作り上げた。しかしこれからは、選手の競争から始まって、そこから生まれる挫折、やがて選手の心をまとめ上げての復興、そして歓喜へという精神パズルに挑む。一人ひとりの心を探りながら二十四個のピースを組み合わせて戦闘集団を作り上げるという、極めて高度な目標が定められた。しかしそのターゲットは、夕刻と共に日田盆地に降りる靄の彼方に隠れてまだ姿を現していない。

二〇〇一年夏、抽選会

六月二十八日、夏の甲子園大分県大会の抽選が行われた。

この年から大塚監督は、松尾を部長の役職に置き職務分担を計った。野球連盟の会議などを部長が務めてくれれば、監督は部活の指導と新人勧誘に力を注ぐことが出来る。この抽選会には松尾部長とキャプテンの菅原、それに入場行進のプラカード予行演習のためにマネージャーの田中陽子が参加した。

田中は同級生の長尾に誘われ、今年からマネージャーとして練習や事務の手伝いをしている。ピッチングマシンに一球ずつボールを入れることもあれば、スコアブックの付け方も習った。今やチームに欠かせないスタッフとなっている。

大分市に入り昼食の時間になった。松尾が公式大会抽選会の引率を始めてから、決まった店でトンカツ定食をおごることが恒例となっている。三人で食べていると、テーブルの横を

チームにとって不可欠な存在である田中陽子マネージャー

中津工業高校の監督が通りかかった。去年の夏、甲子園に行った学校だ。
松尾は、「ああ、お久しぶりです」と、型どおりの挨拶をした。菅原も「こんにちは」と頭を下げた。抽選を前にして誰しも対戦相手が気になっている。他校の監督と出会っても軽口をたたく余裕はないし、中津工業は去年の大分県代表校である。その監督に対して松尾は平等な口をきくほどの立場でもない。その場は挨拶だけですませ、三人は店を出た。
会場の福祉センターに入り、各校のキャプテンと部長それぞれが会議に臨む。いよいよ抽選会への緊張が高まる。くじの順番を決める予備抽選が終わり、ホールにはテレビカメラがスタンバイされた。午後三時、目映いばかりのライトが点灯され、テレビ放送が始まった。

菅原は順番を待つ。「日田三隈高校」というアナウンスに導かれ、菅原は壇上に上がった。彼は「どうせなら二番の札を引いて開幕戦でやりたい」と思っていた。真面目で実直な日田三隈高校野球部員も、その根底には目立ちたがりで「ええカッコしい」の素養がある。

菅原はテーブルの上に置いてある封筒を取り、番号札を引き出した。「二十七」という数字が目に入った。それを会場に向かって差し出した。トーナメント表のどこに入るのか確認しないまま、ステージを背にして自分の席に戻った。松尾はその番号を確認して、「アイター！」と思った。

トーナメント表に貼られた「二十七番」の隣で待っていたのは中津工業だったのである。相手の名前に驚きとショックがあったが、すぐに今年春の大会を思い出した。その時の中津工業をスタンドから見たが、抜け目のない走塁が光っているものの、連打で得点する印象はなかった。そこそこ戦えるかもしれないと思った。

その春の大会で中津工業はシードされず、中津地区でシード校に指定されたのは中津南だった。菅原は中津南と練習試合をした時のことを思い出し、中津工業との比較を試みた。

「中津南には、そんなにやられてません。まあまあ互角に試合が出来ましたから。あの中津南より中津工業が下だと思ったら、別に怖くないと思いました」

菅原は次第に冷静になった。

松尾は会場からさっそく大塚に電話をした。大塚はテレビを見て結果をすでに知っている。結果が出た瞬間はやはり「こりゃあ困ったな」と思ったが、松尾の電話にはこう答えた。

「日曜だし、観客も多いから目立っていいじゃないか。思い切ってやろう」

大塚も冷静になってよくよく考えると、去年の秋から今年の春の大会まで、中津工業は目立った結果を出していない。強豪校ではあっても、今年の中津工業は最初から勝負にならない相手ではない。トップシードに当たらなかっただけでも幸運としよう。ただ、普段から練習試合で勝っているチームと当たらないかという期待もあった。しかし与し易い相手には恵まれなかった。運はどちらにも味方しなかった。

松尾は言う。

「中津工業は左右両投手がいて、どちらが来るかわからないんですよ。この前、高田高校と練習試合をやったんですが、左ピッチャーのシュートを全然打てなかったんで、左腕が来たら右バッターは苦労するでしょうね」

高田高校は今回第二シードの強豪だ。とはいえ、その左腕は全国に名を馳せた投手ではない。何とか攻略出来たはずだ。負けは仕方ないとしても、苦手のタイプを作ったことが今後にどう響くか、松尾は不安を抱いている。

不安と自信の指揮官

七月二日、本番を二週間後に控えて最後の追い込みが行われていた。

「普通は一週間前になれば一旦練習量を落として試合まで気持ちを盛り上げていくんですが、どうしようか考えてるんですよ。今年のチームを見てると、ぎりぎりまで追いつめた方がいいのかも」と、大塚は言う。

「ほとんど全員が、まだ自分の限界を知らないまま野球をしているんですよ。沖縄に行った時に湯浅が四〇度の熱を出して、それでも完投したことで自分の限界を身をもって体験したと思うんですが。湯浅だけですね、限界を知ったのが」

と言って、内野の要、セカンドを守る樋口に目をやった。松尾は彼にノックを打ちながら、ヒットエンドランに対する動きを仕込んでいた。左右に振られるうちに足が動かなくなり、古典的な練習である「千本ノック」の様相を呈してきた。泣きながら、樋口が思わず「ちくしょう！」と言った時、大塚の声が飛んだ。

「ちくしょう、言う前に動けよ。気合いだけで野球するんじゃないんだ。ボールを止めるのがお前の責任だろ」

練習後に大塚は言った。

「あれだけ絞られて泣いたりしても、終わったら立ってキャッチボールしてるわけですから。まだ限界じゃないんです」

仕上げの時期にこれほど選手を絞るのは、心のどこかに焦りが生まれているのかもしれない。気分よく試合に入ることが好結果を生むのか、直前まで闘争心を喚起する方がよいのか、大塚はまだ手探り状態で選手の限界を探っていた。

今のレギュラーには一年生が二人入っている。その分、二年生が控えに回された。三年生はレギュラーに留まっているが、これも出られるかどうか大会直前までわからない。

この二カ月で大幅なコンバートが行われた。サードに三年生の財津を置き、二年の朝井と二人でポジションを競う。

「朝井はキャッチングに難があるんでファーストは無理ですね。守備は財津が上でしょう。ただ、ヒットの魅力は朝井の方があります。今、財津を使っているのは、バントでも必ず決めてくれるという信頼があるからです」

ここにきて大塚の評価基準は信頼感になった。監督に対する信頼、チームメイトに対する信頼が大事な試合では勝敗を左右すると、彼は思っている
ショートには一年生の小野拓磨が入っている。シートノックでは全てのポジションを複数

で守るが、ショートだけは小野一人だ。松尾のノックが飛ぶ。

「何で抜かれるんじゃ。責任持って止めろっちゃ」

小野姓は二年生の亮太がいるので、彼は「タクマ」と呼ばれている。彼は翼と同様、中学野球部で抜きん出た実力を持っていた。日田三隈クラスのチームに入れば即戦力だ。

「強い高校も考えたんですが、早くからレギュラーになってうまくなりたいし、試合に出ればいろんな人が見てくれますから」

スカウトの目をも意識して入部したとは、動機としては申し分ない。きれい事は抜きにして、「目立ちたい」「認められたい」という動機は何も不純ではない。入り口はともかく、やっているうちに野球の深さや魅力に囚われて、その人生を賭けてみるほどの価値を見出すのだろう。そして指導者の導きによって、当初の動機が野球をする本来の目的ではなかったことに気づくのだ。拓磨は言う。

「ここに来て、フォーメーションとか高校のレベルが違うことに気づきました」

早くも初心に戻った。大会を直前にして、二人の一年生は口を揃えた。

「三年生はこれが最後なので、出たら、迷惑をかけないように頑張ります」

監督の求める信頼感が芽生えている。長打を期待されている翼までが言った。

「試合では、繋ぐ役割を果たしたいです」

三年生の長尾は、最近ライトからファーストにコンバートされた。父母会の会長を務める父親は言った。

「上の子が藤蔭高校で野球をしてるんですが、兄と同じ高校でやるより、もっと自分にあったチームはないかといろいろ見に行きました。大塚先生の姿を見て、ここに行くと自分で決めましたね。よかったと思います」

長尾は一年以上前から腰を痛めて充分な動きが出来なくなっていた。加えて、一度練習試合でライトを守った時にタイムリーエラーを犯してから自信を失っていた。だがファーストに変わってからは、後ろにいる外野にまで目配りをする必要に迫られて、野球に新しい面白さを見つけた。父は言う。

「腰をかばうからでしょうね。家に帰ったら足がパンパンに張っているんですよ。私が毎晩踏んでマッサージしてやってます。ここまできたら、痛いの何の言ってられませんよ。親子二人三脚ですから、やれることは全部やります」

同じく三年生の小森は内野からライトに移った。これまで内野のリーダー格でチームをまとめていたが、自分が消極的なプレーでエラーをすると、気持ちが沈んで他の選手に声をかけることが出来ない。ショートを任せられる一年生の拓磨が入ったこともあり、強肩を生かしてライトに就いた。大塚にとってはコロンブスの卵だった。

内外野の守備の要、小森君（左）と長尾君（右）

「あそこに移ってから生き生きしてますよ。守っている時に気を遣わなくていいんでしょうね。バッティングも思い切りがよくなってます」

長尾と小森は去年の夏、弱小チーム日田三隈の一員として夏の大会に臨み、二年生コンビで六年ぶりに公式戦の得点を挙げた。この経験と自信がここまでチームを引っ張ってきた原動力の一つともいえる。内野と外野に主力選手が配置され、チームは機能性を増した。

エース湯浅は、この日グラウンドに姿を現さなかった。前日の練習試合で打ち込まれた後、監督に呼ばれた。

「お前どこか悪いんじゃないのか」

「いいえ、大丈夫です」

「バカ、見ればわかるんだよ。どうしたんだ」

湯浅は右手の手首が痛いことを打ち明けた。腱鞘炎の疑いがあり、病院へ行っているのだ。エースの利き腕が痛んでいる。時間は二週間しかない。大塚も松尾も、「大丈夫ですよ。少し休めば投げますよ」と、余裕の表情だが、エースの故障という一大危機が訪れたことは間違いない。指導者の冷静な態度は、むしろ「心配ないよ」と自分に言い聞かせているように見える。一層チームの不安をかき立てた。

抑えの菅原は、この数カ月で一番の成長株かもしれない。キャプテンを任されて気を配るうちに、責任感が育った。

「いつも自分が最後で試合を決めるので、投球練習の時から、いい加減なボールを投げないように気をつけてます」

ストレートが走り、カーブもブレーキがあってそこそこ切れる。並のバッターなら打たれまい。チームメートに祭り上げられて、練習着の背中に「魔神」とネームを入れた。「大」

三隈の「魔神」、菅原君

まではさすがに遠慮したらしい。

「まあ、真面目で実直なタイプですけど、ああいう洒落っ気が出てきたのはいいですね」

と、大塚は抑え投手に一応の手応えを感じている。湯浅の故障が治れば、ピッチングスタッフにこれ以上求めることはない。

問題は守備だ。気になるのは二点。キャッチャーの肩とサードの肩である。去年からホームベースを守っている梅木は、ワンバウンドのキャッチングが随分よくなった。リードもまあまあ考えて組立ている。しかし、送球の能力が伸びていない。相手が一塁に出たら二塁まで進塁を許するのは仕方ない。その後どう抑えるかが問題になる。ヒットなら正確なカットプレーでホームを踏ませない。一、三塁になったらバックホームで勝負する。気の抜けない場面を想定してノックが続けられる。

サードの財津も肩が弱点だ。以前練習試合でバント攻めにあったことがある。財津自身が一番傷つき、自信をなくした。彼に対する大塚の評価は、それ以来、レギュラー確実といえるまでには達していない。

「今でも財津をスタメンで使うかどうか決めてません。ショートでは一塁までのボールが山なりになるので、守るならサードしかないんですよ」

仮に今年の中津工業が去年よりチーム力が落ちているとしても、勝つために徹底した作戦を貫き通す力はあるだろう。作戦を信じて一致団結する、それが伝統校の力だ。しかもその信念が勝ち運を呼び込んでくれることを信じることが出来る。日田三隈がターゲットを絞って攻められるとすればキャッチャーかサードだ。

試合展開において、大塚が懸念しているのはゲームの立ち上がりだ。初回にランナーが出てかき回されるとチームが浮き足立つことがある。そこで無失点とまではいわないが最小失点に押さえられるかで流れが決まる。春の双国戦では、初回の守りを見事に1失点で凌ぎ、それが勝ち運を呼び込んだ。だが大塚は、このチームはずいぶん成長したが、夏の本大会の緊迫した場面で、試合の流れを強引に自分たちに引き込む力は身についていないのではないかと見ている。

「これは選手には口に出来ませんが、初回の五球くらいで勝負が決まる恐れがありますね。逆に守りのリズムに乗れれば、相手が焦ってくれるんですけど」

流れやリズムに翻弄されないためには、監督とチームメートが互いを信じ合って局面に立ち向かうことだ。ゲームの流れを変える分水嶺で、自分のやってきたことが、幸福をもたらせてくれるということを信じて、ボールを追い続けることが出来るのか。攻め立てられた時に緊張を切らず、九イニングを通して野球に没頭出来るのだろうか。

長尾の父は言った。

「子供は、とにかく九回まで野球をやりたいと言ってます」

思えば大塚がチームを作ってから、コールド負け続きだった。最終イニングまで辿り着けずに、大会規定が「もうわかったよ。練習してまた挑戦しなさい」と諭して、試合を打ち切られてきたのだ。初めて公式戦で九イニング戦ったのは、今年の春である。強くなったといっても、長尾たち三年生が、「まず食らいついて九イニング勝負に持ち込むことが第一の目標」と言うのは、ごく当たり前なのかもしれない。

一年前は1点挙げたことに大喜びした。その当事者である長尾が「今年は一勝」と軽々しく口に出来ないのは、何年もかかってようやくこじ開けた1点の扉の重さを知っているからだ。勝てるかもしれない、でも勝てないかもしれない。どちらの可能性が強いか、そんなことが見えるほど野球は薄っぺらではない。

松尾は、誤解を招かないようにと前置きして、こう言った。

「このチームは、やることはもうすべてやりました。未だに弱点はあるけど、限られた期間で悔いの残らないようにやり遂げたつもりです」

今の選手が持っている素質から見て、限られた時間で限界まで伸ばすことが出来たという充実感がある。プロになる選手にはそれなりの素質がある。この選手たちはプロを目指すことは出来ないが、各自の素質から見て精一杯のところまで辿り着いた。松尾には、これだけの時間でこれ以上の選手は作れないという自信があった。

大塚にとっては、作り上げられた選手をどう使うかという宿題が投げかけられた。三年生は二年半の間にずいぶん成長した。勝つための戦力になった。だからといって、即スタメンと決めていいのだろうか。同じ力なら三年生を使うと決めた覚えはない。大塚にとって、「よくやったご褒美として、スタメンで野球を楽しんでこい」という教育の時代はもう終わったのかもしれない。彼の肩には、今、勝つことの責務が重くのしかかっている。

「もちろん彼らの頑張りに報いてやりたい気持ちはあります。当然三年生は出してあげたい。でも指導者として考えると、勝てるチームを預かって勝つための采配をしないのは、野球を放棄したことになりますから」

幸い三年生は上達してレギュラークラスの力を蓄えてくれた。ピッチャー湯浅、ファースト長尾、サード財津、ライト小森、それに抑えの菅原が全て力を発揮すれば、想い出に加えて勝利という財産を与えてあげられる。ただそれはあと二週間、彼らが責任感を持ち続けてケガをせずに過ごすことが出来るかにかかっている。

三人のコーチを迎えて

本番一週間前、最後の練習試合が行われた。

湯浅はピリッとしない。無駄なフォアボールが多く、外野オーバーの長打を打たれている。手首の故障が響いている。試合は継投になった。今のパターンは、湯浅から中継ぎに翼を挟んで最後は菅原に繋ぐ。日田三隈はその通りに翼を出し、最終回は菅原がマウンドに立った。しかし菅原はボール球が多くランナーを溜めて失点する。本番前、最後の調整にしては不本意のはずだが、松尾は悲観していない。

「湯浅はその時にならないとわからないんですよ。このところは、大きな舞台ほど安定しているので大丈夫と思いますよ」

その湯浅は、

「大舞台は好きです。観客も多い方がいいです。今度は全校生徒が来るので燃えます」

と事もなげに言った。

菅原については、

「このところ自信をつけているので、本番でもやってくれるでしょう」

と大塚は言う。

この日大塚は、二人の臨時コーチを頼んでいた。高校の後輩である白石と、彼が頼んで来てもらった内野手の井原である。彼らが所属する「大分ハーキュリーズ」は、新日鉄大分野球部がクラブ化したチームだ。大塚はピッチャーの白石に湯浅らの投手陣を見てもらい、松尾は井原に内野の動きを習った。日田三隈の指導者は、セミプロクラスの選手たちから素直に指導を乞い謙虚に野球理論を学んだ。臨時コーチの白石が大塚に向かって言い含めるように語りかける。

「先輩、選手が一番ですよ。監督は二番。選手が塁に出ないと監督はサイン出せないんですから」

「そうだよなあ。この前までは、ゲームも出来ない状態だったんだから。有り難いと思わないとなあ」

後輩と並んで試合を見ながら、本番を前にして監督が感慨に耽ることの出来るひとときである。大塚は勝つためにこの野球部を作ったわけではない。監督としての実績を作って、私学から好条件での引き合いを待つわけでもない。ただひたすら、選手と一緒に野球をやってきた、勝つための道筋を探りながら一緒に汗を流してきた、それだけのことだ。

これからの一週間が正念場とも言えるが、大塚監督自身、夏の大会直前の仕上げはまだ三回しか経験していない。その三回も、勝つための仕上げではなかった。選手たちが万全の体調で本番に臨むことが出来るように、そして気持ちよく野球に取り組めるようにムード作りに心を砕いただけだ。今回は戦力が上がり、随分状況が変わっている。しかし今さら、特別なことは出来まい。

最後の総仕上げだと追いつめて緊張感の中で試合に臨むのか、普段着野球を貫こうと試みるのか。前者はこれまでやったことがない。今回もそろそろ手綱を緩めながら、選手たちを普段着に着替えさせる時期なのかもしれない。春の九州大会予選は、勝つ気持ちが根底にあったとは言え、ピンチで動揺を見せずに切り抜けて勝利を摑んだ。それはやはり、絶対に勝たねばならないというプレッシャーがなかったからだといえる。

二回戦で対戦した青山高校で当時コーチをしていた八木は、この年の春、偶然にも日田三隅高校に赴任し、野球部のコーチになっていた。彼は、「ああいう外連味《けれんみ》のないチームが一番怖いですね。あの時も、本当にやられると思いました」と、リラックス戦略を支持した。

「当日はやっぱり、選手がリラックスしてグラウンドに出られるよう持っていきたい」と、大塚は言う。この日の練習試合で基本的な走塁ミスが連続で出たことについても、「この時期にこんなことをやってどうするんだ」という叱責に代えて「イニング、点差、打球がどうなのか、もう一度よく考えろ」と選手を諭した。

八木が去年までコーチをしていた青山高校は、県内では上位に位置する実力校である。そのレベルから見て、この日のミスは八木の目に留まった。守りの時、二塁ランナーがヒットエンドランでホームインが確実な場面で、外野手がバックホームのボールを投げる。あるいは攻撃で、点差が開いているのに無理なオーバーランをしてタッチアウトになる。プレーをする能力に、野球をどれほど知っているかというノウハウの部分が追いついていない。八木は青山にいた当時、技術と判断力がもっと勝っているところからチーム作りをスタートしていた。彼は自分が持っている常識と日田三隈で見る現実との乖離に頭を捻っていた。

冷静な目でチームを分析する八木仁志コーチ

「ここから見ると、あれは違うやろうというのはありますけど。言うのは簡単ですけど、選手はそうはいかんのですよ。基本からきちっと教えていくしかないでしょうね」

今年は、その時間がない。

夕方、父母会主催のスタミナ会が催された。大会前恒例の、焼き肉を囲んでの壮行会である。親交パーティーといった趣の中、指導者三人は時折顔を寄せて自分たちの戦力を確認していた。無礼講ムードからあぶり出される選手の本性を見ながら、彼らのグラウンド上での仕事場を探している。自由な場所が似合う選手、責任を負わせた方が力の出るタイプ、調子はいいが試合でビビルやつもいる。松尾はビールが進むにつれ、軽妙な洒落を連発して場を盛り上げる。彼のキャラクターに引きずられ、選手たちはそれぞれの個性を見せ始めた。

選手、家族、指導者が一体になって、日田三隈高校野球部は二〇〇一年夏の決戦に突入した。

七月十四日、大分県大会が開幕した。開会式の入場行進となったが、キャプテン菅原と副キャプテン財津の号令が合わず、チームの足がばらばらになった。入場直前にみんなで話し合ったのだが、ぶっつけ本番のために混乱したのだ。大塚の不覚だった。

「去年までは入場行進が全てだったので、学校で十分練習して開会式に臨んでいたんです。

でも、今年は試合のことしか頭になくて、行進のことは本当に忘れてました」

開会式が終わって、チームは大分市内で調整をした。

一週間前にコーチに来てくれた白石のチームが使用する室内練習場を借りて、ミニノックとマシンでの打ち込みが行われている。外気温は三〇度を越え、空気の動かないバラック建ての練習場の中で、松尾は脱水症状気味だった。

「もう、二時間打ちっ放し。俺が先に倒れるよ」

選手たちに言葉は少なく、大塚は練習場管理者との折衝に動き回っていた。彼は長尾のバッティングになると、ネットの横についた。マシンのボールに押されている。大塚は声をかけた。

「いいよ、いいよ。このボールでこれだけ捉えられたら大丈夫」

マシンはノンプロ用に設定されている。明日、これ以上速い球は来ない。松尾はムード作りに執心している。

「おいおい、詰まっとるやないか。カキーンと持っていけよ」

一方白石は、隣接した球場でのオープン戦を終え、スタンドで汗を拭っていた。日田三隈ナインがグラウンドに移って来る。整列と一礼をしてグラウンドに散らばる。球場を使って、最後の練習が始まった。白石の眼は時空を超えて遙か遠くを見ていた。

「ええなあ、高校生は純で。ここまできたらもう何も言うことないわ」

松尾がグラウンドに降りてノックを打つ。丁寧に、土の軟らかさを確かめるように一球一球放つ。選手たちは肉体を踊らせながらも、基本の捕球姿勢を思い出しながら松尾のボールを受ける。

夕方五時、すべての練習を終えると、一行は宿舎へ向かった。

それぞれの思い

夜八時半からミーティングが始まった。

まだ大塚はいない。まず松尾が、あるホームページの紹介をする。

「今配ったのは、ホームページから取ったものや。お前らのことが書いてある。これは日本中、世界中の人が見ることが出来る。菅原、読んでみい」

菅原が立って読む。そこには、勝利を知らない日田三隈と去年甲子園に行った中津工業との対比で、「実力は五分だが、強豪は相手のミスを見つけると徹底的につけ込む。その差が出なければいいが」といったことが書いてあった。松尾が続ける。

「明日の試合は家族だけじゃない、お前らを知らん人もたくさん見ちょる。プレッシャー

決戦前夜のミーティング

の中で、お前らがどうするかだ。ここにも書いてある通り、戦いはもう始まっちょる。お前らのどこが弱いんか、相手も探しとる」

一拍置いて、松尾は続けた。

「俺は明日、ノックで打ちやすい球を打つ。七分間、弱点を見せんように捕りやすい球を打ってやる。自信はないが、必死に打ってやる。こんな気持ちでノックを打ったことはない。しかし、それが俺の仕事やから、俺は明日やる。俺は勝負する。二年半のすべてを賭ける。明日は怒ったりはせん。エラーして怒らないかんような球は打たん」

松尾の思いが会議室を包み込む。

「もう一度言うが、俺はノックすることしか出来ない。お前らを信じて捕れるボールをノックする。お前らは監督を信じて、自分を信じてボールに向かえ。歴史はお前らが作る。しっかり頑張れ。ええか」

「オイ!」と、二十六人の音圧が部屋を揺るがした。松尾は正面のテーブルを離れ、脇にいる八木の横に座った。

大塚はまだ来ない。監督が到着するまでの時間、「魔神」菅原は頭を抱えている。小森は遠くを見ている。湯浅はペンを回して色々な方向を見ている。長尾は胸のお守りを触って何か考えている。

このお守りは、昨夜のミーティングでマネージャーの田中が選手全員に渡したものだ。学校近くの神社で必勝祈願をした時、全員にお守りを戴いた。大塚は、それを入れる袋を作って欲しいと田中に頼んでいた。彼女はまず、県高野連から配布されていた甲子園の土を入れ、さらに日田三隈高校のグラウンドを回り、それぞれの選手が立つ守備位置の土を入れ、コメントを添えて縫い込んだ。

その紙切れには、各々の選手に対して、マネージャーとしての思いが簡潔に綴られていた。「自分が出られない分、思い切ってプレーして欲しい」と語り、「一緒に戦おう」と訴えていた。それを一人ひとりに渡す時、大塚も、松尾も、八木コーチも、みんなが泣いた。

彼らはここまで辿り着いて、もう何も思い残すことはないという気持ちになった。しかし明日の試合が終わった時に、思い残すことが新たに生まれるかもしれない。それだけは絶対に許されない。何一つ思い残さないためにこれからの二日を過ごさなければならないのだ。

間もなく大塚が入室した。雑談のように言った。

「ちょうど、高校野球を教えてくれた恩師から電話をもらった。色々考える面もあったが、すっきりした。やるしかない」

監督業を習った恩師、木村からの電話だった。大塚は座り直すと、正面を向いてメッセージを送り始めた。

「君たちがやること、一つは挑戦だ。相手じゃない。日曜の第三試合という一番観客が多い時に当たったのも巡り合わせだ。去年優勝した中津工業と出来るのは大きな喜びだ。これまで練習試合で色々な学校に勝ったこともあったが、本当に『やった！　勝ったぞ』と思ったことはどれだけあったか。明日は本当に『やった！』と思えるように、チャンピオンに向かって全力でいこう」

部屋の空気が引き締まってきた。

「明日はデータを生かしてやろうと思っていたが、最初にチャレンジを考えよう。一回戦だが明日が決勝戦だ。ピッチャーは一球目からいけ。力尽きたら後がいる。最後には魔神がいる。田中を含めて二十七名。それに父母、生徒、教員が応援に来る。一人じゃない」

菅原に確認しながら続ける。

「前に、パフォーマンスと任務遂行のことを言ったよな。明日はピークパフォーマンスを出せ」

しばしの間を置いた。

「もう一つには、エンジョイベースボールだ。スポーツは明るいものだ。名前負けする必要はない。お互い春の県選手権に出られなかったチーム同士だ。力は互角だ。整列したら相手をにらみ倒せ。やってやるぞという気迫を出せ」

「オイ!」

大塚はメモに目をやりながら続けた。

「相手は一試合に失策が二、三個あるらしい。得点のチャンスはある。点差を考えた走塁をしろ。今日は社会人のマシンのボールにみんながタイミングを合わせていた。明日はあれより遅いだろう。必ず打てる。守りは、1点をやりたくなくてビッグイニングを作るより、点をやっても必ず取り返すからゆとりを持て。本当に1点勝負する時はサヨナラの時だ」

続けて湯浅に向かって言う。

「打たれるのは折り込みずみだ。打たれたらその後を止めろ。ゆとりを持った配球をしろ。それは逃げじゃない」

再び言葉を全員に向けた。

「相手は、右上手、右横手、左上手がいる。左は、低めカーブがボール玉になるらしい。ツーストライクまでは手を出さない方がいいかもしれない。しっかり見極めてもいいかな。

中津工業は、失点が序盤に多いかなという傾向が出ている。得点パターンは、だめ押しがあまりない。だから序盤に得点が出来なくても、慌てず終盤に点を取ればいい。犠打は一試合に二、三個で、盗塁も少ないみたいだ」

大塚は敢えて具体的な戦略を提示しなかった。相手校のイメージを喋り、後は選手たちが咀嚼することに委ねた。去年まで青山高校でコーチをしていた八木も言ったことがある。

「データがあれば具体的な対策を練ってもいいけれど、今回は少ないのでかえって混乱します。それに、高校野球はデータが当てにならないことが多いんですよ」

大塚は続けた。

「高校野球は傾向が定まらないので、あくまで特徴を言っているだけだ。最後は俺が責任持つ。泣いても笑っても最後だ。これから決勝戦が続く。田中のお守りに手を当てれば、イメージが蘇るだろう。自分たちのスタイルを貫いてやればいい。スタンドから、登録できない六名の声援が来る。気持ちは一緒だ。全員野球でいこう。必ずいい結果が出ると思う。守るものはない。全力でぶつかろう」

全員の気持ちが一つになった。大塚は、「みんなが言うと長くなるので、三年生だけ心境を聞こうか」と、菅原の方を向いた。まずキャプテンで抑えのエースが立った。

「自分が出た時には、いつも九回に逆転される不安がありました。でも、今日夕食の時に陸上部に励まされて、自分の後ろにはいろんな人がいることを知りました」

同じホテルには、県大会を控えて日田三隈の陸上部が泊まっていた。菅原は続けた。

「学校のボードにはいろんな人がメッセージを書いてくれました。それを思い出して試合に臨みたいと思います。中津工業ベンチには二十人、試合に出るのは九人で同じだけど、俺たちにはその他八百人の人たちがいます。味方がいます。みんな大きな自信を持って欲しい。守りも上達したし、中津には負けていない。力を出せば絶対に勝てる。自信を持って挑みたい」

日田三隈グラウンドの横には、父母会が設置した畳三枚ほどの応援ボードが立っていた。そこに生徒や関係者が自由にメッセージを書いていく。この日までに、ベニヤ板のボードはチームに対する檄で真っ黒になっていた。

湯浅が立った。

彼は電車とバスを乗り継ぎ、一時間以上かけて通学していた。夏場は夜八時を過ぎても外灯の元で練習が行われる。湯浅は片づけをすませると八時四十分過ぎの終電に飛び乗り、帰路に就く。十時頃家に着いて食事をし、汗を流せば日付は変わる。翌日の早朝練習に備えて床に就けば、勉強する時間は取れない。

大塚は部員たちに対して、成績が落ちた時に野球を言い訳にすることを許さなかった。授業に集中すれば成績は上がるし、加えて野球においての集中力を養成することにもなると考えていた。部員には推薦で入学した者もいるが、野球だけで合格した例はない。学校側には、野球部で知名度を上げて生徒を獲得したいという考えはない。あくまで成績上位の生徒から合格させ、大学や専門学校の実績を挙げる方針なのだ。しかし大塚は、入学試験の時には中学校の野球で培った人間性をもっと認めて欲しい、と思っている。

「部活をやらない子が取った点より野球をやってる子が取った点が少し足りなくても、人間の能力をトータルで見たら、野球をプラスにする評価があってもいいんじゃないかと思うんですが」

だが現実は、野球のポイントが他の受験生が取った試験の得点を凌駕することはない。部員たちはみんな試験を受け、得点を挙げて入学したのである。大塚にとっては、野球部に入って成績が落ちたと言われることが最も恥ずべきことだった。

湯浅はそういった監督の方針通り、言い訳をする必要のない成績を挙げて進級してきた。そしてマウンドに上がっても、一切言い訳をしないエースに成長したのだ。

ミーティングの会場で起立した湯浅は、きっぱりと言った。

「ボードのメッセージを読んで、生徒とか保護者の人たちも応援してくれていることがわかりました。負けることは考えていません」

小森は低く熱い口調で言った。

「十二年間野球をやってきて、無駄じゃなかったと思えるプレーをしたいと思います。恥をかきたくないです」

彼は野球をやるためだけにこの学校に来たのかもしれない。勉強は好きではない。この先、進学するよりも社会に出て新しい道を切り開きたいと考えている。しかし、実業団にスカウトされるほどの力には至っていない。小森にとって明日の試合は、小学生の野球クラブ、中学野球部、高校野球部と歩み続けた学生野球最後の一戦となる。そしてこの先、一生公式戦のグラウンドに立たないかもしれない。そうなれば、彼の野球人生は明日で完結するのである。その舞台で、「恥をかきたくない」というのは本音だった。

続いて財津がしみじみと話し始めた。

「中津工業を聞いて、その時から勝った気でいます。一年の夏休み、毎日練習中に泣いたりして、二年の時に出られないこともあって、苦しみを乗り越えてきました。明日は楽しんでノックを受けます」

彼は二年の夏、左膝の皿を痛めて入院生活を送った。十月にはグラウンドに戻ったがレギュラーは下級生に奪われ、そのまま時間だけが過ぎた。毎日練習についていくので精一杯だった。肩が弱くバッティングも力不足だ。それでも自分の拠り所はプレーの確実性だと信じて大塚について来た。そして監督の信頼を得て、ようやく5番のユニフォームを受け取った。

大塚は、財津の言葉をじっと聞いていた。

長尾が立った。

「実感がなかったけど、近頃実感が出てきました。一年の夏、自信を持って試合に出たのに思い通り出来なくて、ズタズタにされました。それから自分は変わりました。明日は二年

努力でレギュラーの座を摑んだ財津君

分の借りを返したい。取られた点数を返したいと思います」

長尾は一年生の時から椎間板ヘルニアで腰をかばいながら野球に打ち込んできた。今は坐骨神経痛を発症して治療に通いながらの野球生活だ。去年は小森と二人で1点を挙げた。明日は全員野球で、その何倍も取らないと借りが返せない。長尾は痛んだ体を騙しながら、最後の花を咲かせるためにここまで辿り着いた。

最後にマネージャーの田中が話し始めた。

「トンカツ屋で中津工業と出会ってから、私は勝つ気満々でした。プラカードの行進練習で中津工業がいたから、にらみました。向こうは焦っていました。今は小さなチームだなと思いました」

強気の田中、面目躍如だ。

大塚が続けた。

「連敗と言われているが、お前たちはお前たちの時代を作る。責任はないし、関係ない。お前たちの役割を果たせばいい。プラス思考のことばかり考えて、気合いをぶち入れていこうぜ。明日は。な」

「オイ!」

決起集会が終わると、指導者は全員部屋を出た。残った選手たちはポジション別にミーティングを始めた。

バッテリー会議では、ピッチャーは最初から全力で投げること、相手の一番、三番、五番バッターを警戒することが確認された。内野手は、副主将の財津を中心に、「俺たちでチームを盛り上げていこう」と士気の向上に主題を置いた。外野手たちは小森の元に集まり、雨でグラウンドとボールが濡れるかもしれないので、内野のカットを使って確実に返球するよう指示を徹底した。

その夜、別の部屋でコーチと打ち合わせをした後、大塚は言った。

「接戦に持ち込みたい。そのためにどうするかということです。一、三塁になった時に一、三塁を作りたいんです。例えば二球目に動くサインがあって、それはバッターボックスに入る時に出すんです。二球目に盗塁なら選手は一球目にバントの構えをしたり、パフォーマンスが伏線になるわけです」

明日の試合は勝てる可能性がある。そのためにどういうラインナップで臨んだらいいか、大塚はミーティングの直前まで悩んでいた。部屋に入る前、恩師の木村から電話が入った。四カ月前、春の大会二回戦の対青山戦を前にして、先発をどうするかという大塚の悩みを救ってくれた。木村はその時、「エースでいけない理由は何だ」と問うた。彼は、高校野球の監督として選手の役割をどう見るかということを突き詰めていけば、自ずと答えが出ることを教えてくれた。

二人の一年生を何番に置き、どういう役割を与えるのかが決まった。問題は明日、監督が試合中の雰囲気に押されて平常心を失わずに、どのような采配が出来るかである。

決戦の日

翌十五日、大分高校グラウンドを借りて朝練習が行われた。松尾の母校である。挨拶回りの合間に緊張感が増していく。今は松尾が移動のバスを運転している。

「ここまで来る間、バスの中で選手はさすがに無言でした。ようやく本番の緊張感が出てきましたね」

シートノックで財津が絞られる。何本も打たれ、ユニフォームが黒く染まっていく。しかし楽しそうな表情だ。前日のミーティングで、「下手な時、ケガで野球が出来ない時に、辛くて何度も泣いていた」という財津の言葉を、大塚はその時初めて聞いた。

「休んでいた時に悩んでいたのはわかっていたけど、あんなふうに思っていたのかと。彼の心を初めて知りました」と言った。

ここにくるまで、大塚にとっては、財津の扱いが最も難しい問題だった。レギュラーの当落線上で苦しんでいる。「もっと上手くなれ、そうすれば出られるんだから」という励ましを、言葉ではなくてノックの嵐で訴えた。わかってくれているだろうが、やはり本人は辛かったに違いない。そして財津は自らの手でスタメンを勝ち取った。その間、大塚にとっては、自他共に認める力がない限り、試合に出すことは出来なかったのだ。「俺の悩みを救ってくれた。よくレギュラーを取ってくれた」という感謝の気持ちが沸き上がってきた。試合結果はどうなろうとも、これでもういいじゃないかという気にもなった。

しかし勝負を預かる身だ。監督業に戻り、選手全員の動きに目を配りながら思案する。小森は強肩をアピールしようと、相変わらずダイレクトでバックホームのボールを投げる。暴投も出た。

大塚は、「本番で暴投してもしょうがないです。彼がやることですから」と言いながら、落ち着いた表情を見せている。前夜の選手同士のミーティングで何が話し合われたかは知らないが、小森たちが「雨で滑るかもしれないのでカットプレーをしよう」という考えを持っていることを悟り、本番では必ず確実なプレーをしてくれると信じていた。

キャプテンの菅原は一年生を相手に軽いピッチングで肩慣らしをしているが、その最中、グラウンドのメンバーに目を配っている。今日は大仕事が待っている。チームの能力を最高に発揮できるよう気を遣い、言葉をかけ、そして試合のクライマックスで登板することだ。

率先して集団を引っ張るタイプではないが、彼は淡々と職務をこなしていた。

一時間の練習が終わって、軽い談笑もあるが表情は引き締まってきた。いよいよだ。


十時四十分、日田三隈ナインは新大分球場に入った。

選手たちはバックスタンドの最上部に陣取り、第二試合を見ている。試合はまだ始まったばかりだ。日田三隈チームは一時半開始予定の第三試合を前にして弁当を食べた。

この日、梅雨前線が九州北部に近づき、朝から上空の大気が不安定になったいた。球場の空には晴れ間と黒い雨雲が交互に訪れ、時折グラウンドに水気を与えていた。十一時を過ぎた頃、真っ黒な雲の固まりが徐々に近づき、空を覆った。やがてにスコールとなる。第二試合は二回裏で中断した。グラウンドは水浸しになり、ピッチャーマウンドとホームベースを覆ったシートの上で大きな雨粒が踊っている。このまま降り続けば試合の延期もあり得る。

スタンドの通路に立ってグラウンドを見ている小森は、「やりたいですね」と、独り言のように言った。

しかし停滞前線でないのが幸いした。豪雨は去り、グラウンド整備が始まる。水溜まりをスポンジで吸い取り、新たに砂を撒いて十二時三十分に試合は再開され、十四時〇〇分に終了した。

試合前、笑顔のノック

日田三隈ナインは、すでにベンチ外の通路で、前の試合が終わるのを待っていた。グラウンドでは、近隣でいつも練習試合をしている森高校が戦っていた。しかし、佐伯鶴城高校に押されている。遂にコールドで敗れそうな場面を迎えた。菅原は「おい、コールドぜ。準備しろ」と言った。

試合を終えて道具を抱えた森高校のキャプテンがベンチから出てきた。にらみつけるような厳しい目をしていた。「コールド」という声がベンチ内に聞こえていたのだ。菅原は仲間を裏切ったような申し訳ない気分になった。自分たちも去年まではコールド負けが当たり前のチームだったのだ。今年はそのような次元ではなく、戦いようによっては充分勝てるチームになった。そして、本気で勝つつもりでベンチに入ろうとしている。ところが試合の展開次第では、いとも簡単にコールド負けに至るのも高校野球だ。

大塚は試合の流れがコールドに向かっていく怖さを知っていた。やはり一つのプレーが勝敗を左右すると思った。

試合に臨むチームの入れ替えは素早い。森高校が試合終了の挨拶をするのと同時に、日田三隈ナインは三塁側のベンチに入り、用具を所定の場所に置いた。

キャプテン菅原のかけ声と共にナインがグラウンドに飛び出す。松尾のノックが始まった。グラウンドの状態が悪いので、守備位置に就いてのシートノックではなく、ベンチ前でのノックに変更された。松尾は昨夜選手に約束した通り、丁寧にしかも満面の笑顔で球を放つ。選手もはつらつとボールを追った。財津は最後まで笑顔を絶やさず松尾のボールを受けた。日田三隈のグラウンドでは、怒鳴られ泣きながら受けてきた松尾のノックは、「お前の晴れ舞台だ。思い切ってやれよ」と優しく語りかけていた。ノックを受けるのがこんなに気持ちのいいものかと思った。二年半、レギュラーの手前でもがき苦しんできた財津は、遂に大会のスタメンを勝ち取ったのだ。

ラインナップが発表された。

一番セカンド樋口和幸。二年生だが内野のキーマンとして徹底的にしごかれた。彼がセカンドベースに絡むランナーをどう捌くかによって、失点が左右される。

二番センター小野亮太。一年生の時からリードオフマンとしてシュアなバッティングを見せている。バントとヒッティング、両方のサインに対応出来る。

三番ファースト長尾真次。ポイントゲッターで、彼の打点がチームを勝利に導く。腰を痛

2001年夏、対中津工業戦での試合前の挨拶

め動きに不安があるが、キャッチングは安定している。

　四番ライト小森遼。大柄ではないがスケールの大きな自然児。波に乗ればビッグプレーを見せてくれる。野球を愛し、よく知っている。

　五番レフト江藤翼。一年生だがチームで一番の飛距離を誇る。バッティングに粗さもなく、首脳陣は信頼している。練習試合でのピッチング経験が少なく、リリーフに出た時のコントロールが不安材料。

　六番ショート小野拓磨。一年生で内野の要に抜擢された。バッティングもよく、送りバントやスクイズの場面で打たせることが多い。

　七番キャッチャー梅木博幸。練習によってキャッチングが安定してきた。問題はスローイングだが、ミスは折り込みずみで戦う。ピッチングの組立もずいぶん成長した。ピッチャーの調子を見極めてバッターを攻めることが出来るか。

　八番ピッチャー湯浅敬太。エースとして安定感がある。投げ急ぎもなくなった。手首の腱鞘炎による直前の投げ込み不足がどう出るか。

九番サード財津頼行。肩の弱さを動きと素早い送球でカバーする。猛ノックによって、無意識で捕球出来る域に近づいている。

大塚は最も打点を期待される五番と六番打者に一年生を据えた。最後というプレッシャーのない状況で自由に打たせることで、打点が生まれると踏んだ。

試合が始まった。

プレイボール

一回表、中津工業の攻撃である。湯浅は、「一、二番バッターに気をつけていこう」と心の中で再確認した。ところが先頭バッターに1―3からフォアボールを与える。監督、コーチの頭に序盤に崩れる怖れが走った。二番バッターはバントでランナーが二塁へ進む。これでベンチは一息ついた。しかし湯浅はランナーを気にしすぎて、度々プレートを外す。バッターへのコントールが心配されたが、三番バッターはセンターフライとなった。

ツーアウトで四番を迎える。一塁が空いているが湯浅は勝負に出た。前日に監督から言われていた「最初から飛ばせ」という指示を思い出した。勝負を避ける気は毛頭なかった。ストレートとカーブを混ぜて配球し、最後はカーブで三振に打ち取った。

何より首脳陣がホッとした。初回は絶対無失点で始めたかった。それは勝つための必要条件ともいえた。最上のスタートである。

一回裏、日田三隈の攻撃。中津工業のピッチャーは右腕でストレートが走っている。カーブはスライダーに近い球速がある。大塚は、「ストライクとボールがはっきりしている。低めは捨てろ」と指示した。

高校野球ではダウンスイングを教えることが多いが、それだけでは高めの速いボールに対して、腕をかぶせて打ち返す技術が身につかない。大塚と松尾は、バッティングの基本をレベルスイングに置いた。これによって、ほどほどの球速であれば、高めのボールを外野に弾き返すバッティングが出来るようになっている。このピッチャーなら、低めを叩くよりも高めの甘い球を狙った方がいいと考えた。

先頭の樋口がフォアボールを選んだ。二番の亮太はバントを決めて、樋口が二塁へ進んだ。三番長尾の時にピッチャーは牽制のタイミングを失敗した。ランナーは二塁のままだが、ピッチャーは浮き足立っている。つけ込みたい場面だが、長尾はストレートに詰まってライトフライに終わった。続く四番小森は1―1のカウントからセンターフライに打ち取られた。しかし、打てない球ではない。充分に希望を残している。

二回表、中津工業の五番バッターはピッチャーゴロ、六番はファーストライナーに倒れツーアウトになった。続く七番バッターが1―1からカーブを強振した。速いゴロになった打球はサードのライン際へ飛び、財津の一メートル手前でバウンドした。最も難しいゴロである。財津は逆シングルにせず、体を動かして懐に備えたグローブにボールを上手く合わせて捕球、一塁寸前でバッターを刺した。ファインプレーである。

「あれは自然に体が動きました。無意識で捕ってました」

大会直前まで猛ノックを受け、グラブの芯にボールが飛び込む感覚を磨いてきたのが実った。このプレーでチーム全体が乗ってきた。

二回裏、五番バッターの翼はフォアボールを選ぶ。中津工業のピッチャーはコントロールが定まらず、荒れ球である。六番拓磨のバントで二塁へ進む。七番梅木は2―2から真っ直ぐを打ち損じてピッチャーフライに終わる。続く八番の湯浅は三振に切って取られた。試合の滑り出しは一進一退の互角だ。

三回表である。中津の八番バッターは1―3からカーブをレフト前に運んだ。九番は送りバント、一塁手の長尾がバッターにタッチし、ランナーは二塁へ進んだ。一回同様、湯浅がここで丁寧に打ち取れるかどうかで流れが決まる。一番バッターを迎えた。0―1の後、湯浅は二塁へ牽制した。セーフになったがいい牽制である。ピッチャーの平常心が保たれている。結局2―2よりカーブを三塁ゴロ、財津が落ち着いて捌きファーストへ送球した。ランナーは三塁へ進む。

湯浅は続く二番バッターで終わりたい。このバッターが出ればランナー一、三塁でクリンナップを迎える。これまでの試合なら大量失点の危険性がある。序盤のポイントでもあり、試合を左右する場面でもあった。湯浅はストライクを先行させ、2―0から外角のスライダーで三振に打ち取った。三回が無失点で過ぎ、大塚の望んだ接戦に持ち込むことに成功した。

三回裏は、九番の財津が八球粘ったがサードゴロに倒れる。一番に戻って樋口はカウント2―3からフォアボールを選び、二番小野がバントでランナーは二塁へ進んだ。しかし三番長尾は2―0からのストレートを打ってファーストゴロに倒れた。長尾のバットの振りに本来の鋭さが見えない。腰の状態はかなり悪い。下半身を踏ん張ろうと意識するあまり、かえって柔軟な回転が出来なくなっている。

四回表、中津工業は三番バッターが初球のカーブを打ち、ショートゴロに終わる。ところが四番が初球のカーブを左中間に放ち、二塁打となった。カーブ狙いの指示が出ている可能性がある。湯浅は感じた。

「カーブを狙っている。勝負球では使えないので、カーブはボール球でファウルを打たせよう」

これからの配球が注目された。続く五番にはストレートから入って2―3まで持ち込んだ。最後はカーブで三振に打ち取った。やはり狙われていても頼るのはカーブだ。六番バッターにもストレートから入り、二球目のストレートをライトに打たれた。今度は勝負球のカーブを投げる前に打ちにきている。芯で捉えられたが、フライを小森が難なく捕球してこの回を終えた。

四回裏になった。日田三隈は四番小森が1―1からカーブを打ちショートゴロになったが、これがエラーとなり、小森は一塁に立った。

五番の翼がバッターボックスに立つ場面で大塚は、高校野球とトーナメントの定石である送りバントを使わなかった。日田三隈が普段から取っている作戦は強攻策だ。翼が犠牲になって下位バッターのヒットに期待するより、翼の打球でヒットやエラーが出る確率の方が高いという判断で、バントを使わないでここまできた。しかもこの打席、小森と翼に出されたサインは、「二球目にヒットエンドラン」だった。つまり、翼が一球目をどう使うかは自由である。初球の駆け引きは翼に投げかけられた。バントの仕草で誘ってもいい。わざと空振りをする手もある。「打たない」あるいは「打てない」ことを見せて、次のボールを捉える作戦だ。ただしこれは、ワンストライク取られることを前提としている。

バッティングが0―0からスタートするのと1―0から始まるのとでは、野球のレベルが上がるほどそのアドバンテージは大きい。甲子園を狙うほどレベルの高いチームなら、一球ずつ様子を見ながら状況によってサインを変え、それでも選手は対応するだろう。しかし大塚は、サインが出てから実行するまでに二球の余裕を持たせた。つまり日田三隈の野球は、サインが出た瞬間に選手が対応できるほど完成されていない。一球の捨て球を承知で攻めていく、弱者の戦法によって成り立っていた。

　バッターボックスに立った翼は、送りバントのそぶりを見せない。幸い初球がボールになった。つぎの球はヒットエンドランだ。これは二球前から決まっている。突然出たサインに対応するより、心の準備をする時間がはるかに長い。バッターにとっては有り難い「二球目実行」のサインだ。翼はワンボールからの内角ストレートを、上手く腕を畳んでレフトオーバーの打球を放った。これが二塁打となり、ノーアウトでランナーが二、三塁に進んだ。

　次は六番、一年生の拓磨である。スクイズのそぶりはない。最初から気持ちが打つことに集中している。ツーボールからの高めストレートを弾き返した。ライトフライとなり、タッチアップで小森が先取点のホームベースを踏んだ。しかもこのボールをキャッチャーが横に弾いた。サードに進んだ翼が、これを見てホームを狙おうとして飛び出したが戻りきれず、三塁ベース上でタッチアウトになった。ランナーがなくなった。

　大塚は、「やはりあの場面は自重して欲しかった」と言った。翼はその場面を振り返って、

「行けると思ったからホームに行きかけたので、自分の判断が間違ってるとは思いません」と、正直に言い切った。キャッチャーの弾いたボールは、雨で濡れたグラウンドで止まった。あと二メートル転がっていたらホームへ生還できただろう。結果がよくなかっただけだ。しかし、一週間前の練習試合でチームに連続して露呈した走塁ミスが、この大事な場面で出たことは事実だった。

大塚が目指しているのは、まさに選手個人の判断で戦う野球だ。仮に守りの場合、バッテリーに対して一球ずつサインを出せばもう少し効率的に抑えられるだろう。攻撃の時も、「走れ」「待て」「打て」と細かく指示をすれば得点が増えることは間違いない。しかしプレーするその瞬間は選手が自分で判断することだ。一つひとつサインを出せば、選手がベンチを裏切る場面が出てくるかもしれない。例えば大塚からストレートの指示が出た時に、バッテリーがそれを狙われていると感じたなら、選手は監督の指示に首を振ってカーブを投げるべきだろう。しかしそこで監督と選手の信頼の糸が切れる。監督は選手の次元の低さを嘆き、選手は監督に対して無用の気を遣うようになる。大塚はそのことを怖れている。

練習試合の後、大塚と松尾が二人で話をする時には、レベルの高い野球談義になる。以前、「選手が聞きに来ればいつでも教えるんだけど」と言った大塚の言葉には、選手たちの求める野球が甲子園レベルまでに達していないという前提がある。一勝も出来ないのに甲子園など夢ばかり見るべきでない。しかし選手が本気で突き詰めて野球に取り組めば、不可能ではないかもしれないのだ。事実ここにあるチームは、四年前に想像もできなかった立派な野球チームに成長している。それならもっと貪欲にステップアップを目指して欲しい。

「あの走塁も含めて選手が自分でやったことは、間違ってはいませんよ」と、監督は自分の選手が下した判断を庇った。

続く七番バッターの梅木はレフトフライに打ち取られ、この回を1得点で終わった。

五回表に入った。中津の七番バッターは2―3からセンターフライ、八番は2―2からセカンドフライに倒れた。湯浅は多少苦労しているが、安定したマウンド捌きだ。

ところがドラマが起きる。九番バッターには2―1からカーブを振らせ三振に打ち取ったが、このボールをキャッチャーの梅木が弾いた。バッターは振り逃げを試みるが、充分間に合うタイミングだ。ところが梅木が慌ててボールを充分に握らないまま一塁へスローイング。ボールは元気なく転がってランナーが一塁に出た。

梅木は「悪かった」と言うように肩を落としてホームベースへ戻る。まだツーアウト一塁でピンチではないのだが、このエラーが試合の流れを大きく変える。湯浅はキャッチャーが落胆して充分に力を発揮出来なくなったハンディをも背負って投げることになった。日田三隈の弱点であるキャッチャーのスローイングを突かれる条件が揃った。

大塚は湯浅の限界を探っていた。二週間前の腱鞘炎で投げ込みが不足している。最初から全力で投げ、握力に影響が出る頃だ。この回の二人を打ち取る様子を見て、ボールの切れとコントロールに甘さが出ていることを見抜いていた。九番バッターを打ち取ってチェンジになった時点で、翼に交代しようと考えていた。今日の流れなら、残り四イニングを翼と菅原に二イニングずつ任せることが最良の継投だ。後半の勝負を組み立てたところに、エラーでランナーが出た。

バッターボックスに一番が入った。1―1のカウントからから空振りした時、ランナーが盗塁する。キャッチャー梅木の動揺と肩の弱さを見抜き、走るタイミングを計っていたのだ。カウント2―1になったが、ランナーは二塁。続いて二球外れ、カウント2―3になってストライクを取りにいった球を、レフト前に運ばれた。二塁ランナーはホームを目指さずに三塁で止まり、ランナーが一、三塁となった。中津工業に焦りのないのが怖い。ツーアウトでも、じっくりと点を取りにきている。

続く二番バッターの時、二球目に一塁ランナーが盗塁し、二、三塁となる。結局カウント1―3からフォアボール、満塁になった。キャッチャー梅木は盗塁で揺さぶられ、配球の勘も鈍ってきた。

三番バッターを迎えた。湯浅は舞い上がることはなかったが、さすがに「やばいぞ」と思った。組立は、外角ストレートでストライクを取り、追い込んでカーブ勝負を考えた。初球、梅木からカーブのサインが出た。湯浅の考えとは違った。ファウルを打たせればいいと気持ちを切り替えたが、イメージ通りにいかなかった。完全に外れてワンボールとなる。湯浅が考えた組立は、根本から崩れた。

満塁なのでどうしてもストライクが欲しい。次の球はカーブ、と自分に言い聞かせて投げれば外角のストライクを取れると思った。しかし今度はストレートのサインだ。また湯浅は気持ちの入れ替えを強いられる。ボールには出来ないが甘いところは禁物だ。最初から外角ストレートの気持ちでサインを見ていれば、イメージ通りのボールが放れたかもしれない。しかしこの二球の間、バッテリーの考えは食い違ったままだった。本来なら湯浅が首を振る場面だが、手首の故障で思い通りの投球が出来ず、配球にも自信がなかった。湯浅はうなずいた。

湯浅の体は限界を迎えていた。九番バッターで終わりという、大塚が描いた交代期を過ぎていた。握力の鈍った手から放たれたボールは甘く入る。バッターはこれを逃さずにセンター前に打ち返した。三塁ランナーが還り、二人目は生還出来ないタイミングだったがセンターがファンブルする間に2点が入った。

なおも一、三塁にランナーが残った。バッターは四番である。初球の真っ直ぐを打ち、鋭い当たりのファウルになった。ストレート狙いである。二球目のカーブがボールになった後、バッテリーはストレートを投げる。セカンドフライ、打ち損ねであった。

ともかく2失点でこの回を凌ぎ、1対2という最小得点差で日田三隈は踏ん張った。しかし五回で湯浅の腕は限界にきている。

五回裏、日田三隈の攻撃である。この回の攻撃を前に大塚は、「目線を低く、ブラさずにボールを見ろ」と指示を出した。高めの球を狙うあまり、ヘッドアップ気味になっているのが気になったのだ。

八番の湯浅がボックスに立った。左バッターに対してライトの守りが浅いが、湯浅はその頭上を狙わず、ボールを見ることに集中した。初球のストレートを叩くと打球は左中間を破り、二塁打になった。九番財津にはバントのサインが出た。しかしフォアボールを選び、ランナー一、二塁となる。トップバッターの樋口にもバントのサインである。非力な樋口には当然の作戦だ。しかしファウルを続け、カウント2—2からバントを空振りして三振した。大塚は二番の中距離バッター小野亮太にもバントを命じた。大塚の基本戦術は二、三塁を作ることだ。その状況でバッターが強く叩けばヒット、強襲、エラーのいずれかが出やすい。しかもランナーが二塁にいることで外野は前進する。そうすれば外野の間を抜けて長打の可能性もある。日田三隈の中軸は、外野の定位置を越す力を持っていた。バントのサインにピッテャーは揺さぶられ、亮太はストレートのフォアボールを選び満塁になった。

三番の長尾に、大塚は「お前に任せる」と言って送り出した。細かい指示は必要ない。こういった場面こそ、選手の自主的な判断で戦いたかった。真っ直ぐを待つだろうということはわかっていたし、それを翻す気持ちはなかった。長尾に動揺は全くない。彼は昨日の晩、入念に手入れをしたバットを抱いて寝た。悶々として何度も寝返りを打った後に、夢を見た。その中では中津工業との試合が行われており、長尾はワンアウト満塁でバッターボックスに入った。

「だから、亮太がバッターになった時から満塁で回るとわかってました。ヒットを打とう、野手の間を抜こうと思ってバッターボックスに向かいました」

惜しいことだ。せっかく満塁という場面に対して早くから心の準備が出来ていたのに、大塚が指示した「ボールを見る」ことではなく「ヒットを打とう」と結果を求めた。ボールを見ることに集中すれば、打球が放たれるイメージに繋げることが出来るが、「ヒットを打つ」という結果を追いかけても筋肉は対応出来ない。

長尾は肩の力を抜き笑顔を見せたが、平常心から生まれたものではない。これは「肩の力を抜こう」と大脳が筋肉に命じて表された行動だった。「リラックスしよう」と意識するほど、長尾の筋肉は緊張し、柔軟性を失った。

日田三隈期待の三番が右バッターボックスに入る。ワンアウト満塁でピッチャーはサードに牽制球を送る。スクイズを警戒しているが、日田三隈にその雰囲気は全くない。長尾は最初から打ち気でボックスに立っている。スクイズを頭に入れながら投球するピッチャーより集中力で勝っていた。ピッチャーは必要以上に警戒し、カーブを三球続けてカウントを1―2にした。長尾はストレートに絞った。真っ直ぐが来たがボール。カウントは1―3になった。長尾はバッターボックスを外す。「次は真ん中に来るぞ」と心の中で確認した。1―3から予想通りのストレートである。ただし、外角に入って来た。このボールを見て叩くことより先に、「ヒットにしよう」という意識が働いた。ストライクだったがそれを引っかけた。打球はショートゴロになり、6―4―3と回ってゲッツーが成立した。

得点は1対2。わずか1点差で大接戦だが、ピンチの芽を一つずつ摘み取る機能性と、落ち着いて相手の弱点を突いて攻撃する中津工業に、試合の主導権は握られていた。

試合が動く

五回が終わってグラウンド整備が行われる。一週間前、社会人野球のキャプテンをしている白石が大塚に言った。

「意外に五回の休みでコロッと流れが変わるんですよ。あれが怖いんやなあ。あのインターバルをどう過ごすかで監督はみんな苦労してますよ」

チャンスを逃した日田三隈にとって、相手に向かった流れがいい方に変わってくれれば有り難い。確かにこれまでの展開は、お互いに好プレーもミスも含めて力を出しながらの膠着状態といえる。ただ、中津工業が日田三隈の穴を見つけ、それを大きく削りながら攻めに突入しようという気配を見せている。それは守備の穴であり、エースに続いて登板するピッチャーが必ず露呈するはずの穴でもある。日田三隈ナインはキャッチボールなどで体をほぐして後半戦に備えた。大塚は翼に、「そろそろいくぞ。肩を作っておけ」と指示した。

大塚はピッチャーの交代時期を迷っていた。五回の中津工業の攻撃を三者凡退で終わらせていたなら六回始めから翼に繋ぐはずだった。ところが五回から試合が動き始めている。ゲームがもつれ出すと、ピッチャーの球数が増える。三十球で球威が落ちる菅原は二イニングが限界だ。本来は一イニングを全力投球で締めくくるのが理想である。ここでピッチャーを交代して試合がもつれた時に、マウンドの経験が少ない翼が気持ちの粘りやスタミナのペース配分を出来るだろうか。監督は湯浅がもうひと踏ん張りして試合を落ち着かせてくれる方に賭けた。

六回表である。先頭の五番がカウント1―3からセンター前へテキサスヒットを打った。

湯浅の球威が落ちていることは大塚の目にも明らかだ。続く六番バッターの時、初球にヒットエンドランを仕掛けた。あるいはランエンドヒットかもしれない。さっそく揺さぶりにかかっている。ファウルになったが、今度は1—1から単独盗塁でランナーが二塁へ進んだ。中津工業は、キャッチャーの梅木に的を絞ってプレッシャーをかけ始めた。バッターはカーブを三球ファウルで粘った挙げ句、2—2からカーブを打ってセンターフライになる。正面でアウトになったが危ない。

大塚は球威と経験を照らし合わせ、湯浅の続投か翼への交代かを考えていた。球威は落ちても相手の圧力を凌ぐ力は湯浅の方が上だろう。球威がある翼で抑えればチームが乗るかもしれないが、それほど理想的に運ぶ可能性はあまり高くない。

「どういう展開になろうと、この回は湯浅に託したいと思いました」

監督がエースに託すものは何だろうか。試合の分岐点にあって転べば谷底まで滑り落ちてしまう時に、それを防ぐことが出来る可能性も、また落ちてしまったところで監督の後悔を最少限に留めてくれることもエースが握っている。エースに託すとは、そういうことなのだろう。しかしまだ大塚は、湯浅と心中を決め込んで自分の采配を納得する気はなかった。勝つためにエースをいつ交代するか、それだけを考えていた。

七番バッターに対して湯浅が投げた二球目は、ワイルドピッチになった。ランナーが三塁

限界まで投げ抜いた湯浅君

へ進む。湯浅の握力はほとんど残っていない。遂にフォアボールを出した。ワンアウトで一、三塁である。ベンチから内野の財津と長尾に、「取れ」と声がかかった。タイムを取って内野が集まる。長尾は、気分転換にくだらないことを言って笑おうと試みた。ただ、こんなピンチの時に笑って落ち着く方法論が、このチームに定着していなかった。ピンチの呪縛は内野手を襲ったままだった。

八番バッターへの初球はピッチアウトでスクイズの様子を見た。中津工業は動かず、ワンボールになってストライクを取らねばならない場面を作ってしまった。

次のボール、三塁ランナーとバッターが動いた。スクイズだ。

ボールは一塁方面に転がる。長尾はダッシュをしてボールを捕り、ホームへ投げようとした。しかしグラブに入ったボールが出て来ない。ホームへの送球を諦めて一塁へ投げようとした。ところが、反転した時に踏ん張りが利かず足が滑って一塁もセーフになる。

椎間板ヘルニアから坐骨神経痛を発症している長尾にとっては、辛い体のこなしを要求された。ワンアウトで一、二塁となった。

湯浅は九番バッターに対して、苦労したが六球を使って三振に打ち取った。ツーアウトに漕ぎ着けた。このバッターにストライクが入らなければ、大塚も決断していただろう。ツーアウトになったことで、この回を切り抜ける可能性が出た反面、湯浅を引っ込めるタイミングを失った。

一番バッターに戻る。ツーボールから打ったボールはセカンドベース寄りに転がり内野安打になった。緊張のあまり、樋口のスタートが遅い。満塁となる。先ほどワンアウト満塁で無得点だった日田三隈に対し、中津工業は同じような場面でどんな結果を得るのだろうか。ここで違いが出れば、それが「格」の違いといえるのかもしれない。

二番バッターにはストレートのフォアボールで押し出し、この回二点目が入った。湯浅の体は、すべてが限界だった。

「あの時は、握力がなくて、腰が入らないような感じでした」

もう何も迷うことはない。大塚はピッチャー交代を決断した。リリーフにレフトから翼を呼び、レフトに佐藤を入れた。湯浅の夏は終わった。

マウンドに立った翼は、この大会前に肘を痛めていた。そのため、ピッチングで肘を暖めないと投げられない状態だった。この場面、守備に就いていた翼はピッチングで肘と肩を作ることが出来ないままマウンドに立った。

三番バッターを迎えた。梅木はストレートばかり要求した。ストライクを取るのに一番確実なボールだ。しかしカウント2—3から押し出しを与える。四番バッターは0—2から真っ直ぐを見逃した。1—2になったがタイミングを合わせた。ストレートは危ない。しかし梅木はストレートを頼りにした。センター前へ運ばれ、さらに二人のランナーが還った。この回5点である。五番バッターはセカンドゴロでチェンジとなった。スコアは1対7になった。

六回裏、6点差を追って日田三隈の攻撃に入る。

四番の小森から始まる。ツーボールからストライクを取りにきたストレートをセンター前へヒットを放つ。小森の積極的な姿勢が日田三隈ナインの闘争心を煽った。続く五番の翼にもピッチャーはストレート勝負にきた。カウント2―2からストレートをレフト前へはじき返し、ランナーは一、二塁となった。

ここで監督は一年生の拓磨にバントを命じる。接戦の時は攻勢のムードを壊さぬよう強攻策を取っていたが、この回はまず点差を縮め、再び接戦に持ち込みたい。大塚は当面の2得点を求めた。拓磨はファウルの後、落ち着いてボールを転がし、ランナーが二、三塁に進塁した。

七番梅木は1―3からフォアボール。ワンアウト満塁だ。

八番は交代でレフトの守備に入った佐藤の初打席である。佐藤は一年生の時からレギュラーで使われ、バッティングにも大きな期待が持てる。カーブを三球見た。カウントは1―2になる。ストレート狙いだ。読み通りの真っ直ぐをファウルにした。これでタイミングを摑んだ。次はカーブだったが体勢を崩さず引っ張った。打球は糸を引いて外野へ飛んだが、レフトへのライナーとなった。タッチアップで1点入ったが、まだ1点しか入っていないという残念なムードが漂う。神がいるなら、左中間へボールを運んでくれてもよかった。だが依然、ランナーは一、二塁に残っている。

ここで中津工業はピッチャーを交代する。長身の右腕で本格派だ。フォームが大きく力強い。ダイナミックだが、セットポジションとフィルディングに不安があるのではないかと、大塚は思った。九番の財津にセフティーバントを命じて揺さぶるが、2―2から空振りの三振でチェンジになった。終わってみれば1得点。あと一歩の詰めが出来なかった。

2対7で5点差だ。七回が終わった時点で7点差がつくと、コールドゲームになる。あと2失点は許されない。

七回表の攻撃。中津工業の六番バッターは三球三振に終わる。続く七番バッターとの対決は、カウント1―2からライトへのファウルフライになった。ボールはスタンドへ向けて流れたが、小森がフェンス際でキャッチ、ファインプレーで翼を盛り上げる。ツーアウトになった。ところが八番バッターにはカーブを多投し、1―3からフォアボールを与える。球道が定まっていない。九番バッターの初球にワイルドピッチでランナーが二塁に進んだ。結局ストレートのフォアボールを出した。

「あの時は、足が痙攣して踏ん張りが利かなかったんです」

本来ブルペンで投げ込み、肘を暖めてマウンドに登るのが理想だが、レフトの守備位置から直接マウンドに呼ばれた。腕をかばう意識が強いあまり、足の筋肉に無用の緊張が積み重なっていた。ランナーが一、二塁になった。ピッチャーを代えて流れを断ち切る方法も考えられる。しかし大塚は翼を続投させた。一塁ランナーがホームに還れば得点差は7となり、この回でコールド負けの可能性が出る。それなら抑えの菅原を出してピンチを脱す用兵もある。

「タケシ（菅原）は本来九回一イニングで使いたいんです。長くても八回から。だからここはタケシ以外で凌ごうと思いました」

大塚はこの回のコールドをどう避けるということよりも、ゲームを九イニングで考えていた。八回まで全員で戦って最後を菅原に託すのが、新学期から一貫してやってきた日田三隈の野球だ。その原則を大一番で崩し、目の前の状況に対処するような、その場凌ぎの采配をしたくなかったのだ。

しかし翼は一番バッターにストレートのフォアボールを出した。ここまで十二球ストライクが入っていない。満塁となり野球のセオリーからすれば交代の場面だが、監督はなおも動かない。

「普段からやってない野球をしたくなかった。ここでタケシに代えると、選手たちが『もうタケシが出るのか』と思うかもしれない。それが怖かったんです」

菅原は最後に出ることになっている。監督がここで最後の選手を出せば、この試合はもう終わると考えたことになる。菅原を出さないことで、選手たちに対して「まだこの試合は続くんだ」というメッセージを送りたかったのだ。

ところが二番バッターにも1−3からフォアボールを出し、押し出しで1点が入った。いよいよ大塚はピッチャー交代を告げた。翼はレフトへ戻った。ところがベンチからマウンドへ向かったのは、二年生の左腕、江藤祐輔だった。祐輔はこの三カ月で球のキレを増し、練習試合では好投することも多い。しかし時折、突然乱れる癖が治らないまま、この大会に臨んでいた。マウンドに上がってみないとわからない。監督にとって、大きな賭けだった。

試合再開である。祐輔のボールは生きている。三番バッターに対し2―0と追い込むが、それから突然ストライクが入らなくなった。結局フォアボールを与え押し出しとなる。スコアは遂に2対9。コールドゲームの条件が整ってしまった。

大塚に残された手駒は、ただひとつだった。ピッチャー菅原。

菅原は五回からピンチの連続で味方が苦しんでいる時、キャプテンとして仲間を鼓舞するような仕事は出来なかった。ベンチから離れたブルペンで投球の準備をしていたのである。グラウンドでムードを盛り上げるのは、もっぱら副主将の財津だった。チームメートと一緒に戦いたい気持ちをたえて、黙々と登板の準備を進めてきた。やることは全てやった。晴れの舞台に立った時、もう何も気負うことはなかった。

「全然緊張しませんでした。裏の攻撃を信じて投げました」

四番バッターを迎えても何の動揺もなかった。

「初球にストレートを投げてみたけど、いつもより遅かったので、カーブで打ち取ろうと考えました」
カウントは2—3になった。次の球がファウルになった時、バットを握っている手が滑って菅原の前に飛んで来た。彼は落ち着いてバットを拾い、敵に手渡した。その後、カーブを二球ファウルで粘られる。満塁でカウント2—3という場面から、ボール球は一球もない。堂々の「魔神」である。最後の球もカーブだった。打球は緩いショートゴロ。拓磨が落ち着いてセカンドへトスし、チェンジになった。
七回裏、日田三隈が得点を挙げなければ7点差でコールド負けになる。
一番樋口が1—3からフォアボールを選んだ。樋口は俊足ではないが、ピッチャーは足を警戒して盛んにランナーを牽制する。ここでストレートを狙えばヒットの可能性もあるが、監督は小野にバントのサインを出した。コールドを逃れて次の回に勝負を持ち越したい。当然の選択だ。2—1と追い込まれたが、大塚はスリーバントのサインを出した。ボールの後、送りバントは成功した。ランナーが二塁に進み、三番長尾のバットに日田三隈の八イニング目が託された。
カウント1—1の後、投球はカーブ。これがワンバウンドして、キャッチャーが弾いた。それを見たランナーが三塁へ向かう。しかしボールはサードに送られてタッチアウト。ツーアウトでランナーがなくなった。大事なランナーだ。セオリーからすれば行くべきでない。

しかし選手の判断で走って結果はアウト。四回と全く同じことが二度起こった。やはり勝負勘が育っていなかった。

胴上げ

試合は収束に向かう。この流れを引き込むには、一年前に大塚のチームとしては公式戦初の得点を挙げた長尾と小森のバッティングに全てを託すしかない。そのシーンが再現されれば、ゲームは次の回に進む。しかし大きな潮流になった試合の流れを二人の選手で変えるのは、あまりに大きな期待だった。

長尾はフォアボールを選び一塁へ向かった。まだ試合は続いている。しかし球場全体からは、「いける」というムードが漂わない。

四番の小森が打席に向かおうとする時、タイムがかかってピッチャーが交代する。左投手だ。大塚は小森に耳打ちした。

「余計なこと考えずに、自分のバッティングをしろ」

ここにきて大塚は、最後になるかもしれない小森の打席を監督の意向で縛る気はなかった。彼が持ち続けている「自分自身」を信じて、それを発揮してくれればいいと思った。長尾は試合の数日前、「とにかく九回戦いたい」と言った。またしても日田三隈の歴史にコールド負けが加わるのか、それとも長尾がホームベースを踏んで菅原が最終回まで抑え続け、チームに新たな歴史を作るのか。

一年前に新チームが出来た時、大塚は小森をキャプテンに指名した。秋の大会までの暫定ではあったが、彼の野球に対する純粋な思いをチームに浸透させたいと思った。しかし彼をチームを束ねる扇の要とするよりも、自由に野球をやらせた方が本人の成長のためにもプラスだと考え、大塚は夏に向かうチームのキャプテンに菅原を指名した。しかしここにくるまで、小森の技術と情熱が少なからずこのチームを進歩させたことは間違いない。この場面で試合終了の責任を負うことになった小森の打席で仮にすべてが終わっても、全員が納得出来た。彼は昨夜のミーティングで、「恥をかきたくない」と言った。この場面でも、「どうしても最後にだけはなりたくない」と思っていた。

ゲームが再開する。小森は打ち気に逸っている。ワンボールの後、外角の球を打ち返した。打球はライトフライとなり、簡単にキャッチされた。ゲームセット。全員がホームベースを目がけて駆け寄るが、小森はしばしファーストベース付近で膝に手を当て、思い直したように下を向いたまま整列に加わった。

四時四十五分ゲームセット。センターバックスクリーンにそびえ立つスコアボードの合計

試合終了直後のスコアボード

欄には、上に9、下に2の数字が記され、「三隈」と書かれた後攻のチーム名の横には、攻撃を示す黄色いランプがついたままだった。

試合終了の礼が終わると、選手たちはうつむき涙を流しながらベンチ前に並んだ。スタンドからは、「よくやったぞ」という労いの声が飛んだが、彼らは精一杯戦ったことで高校野球のすべてに折り合いをつけることは出来なかった。今年のチームは、そしてこの試合は勝たねばならなかった。

スタンドの応援に対して一礼をしたチームの列から、一人の選手がどっと崩れ落ちた。グラウンドにうずくまり、顔を覆って微動だにしない。背番号9を付けた小森だった。「悪かった、すまなかった」と、自分を責めた。最後のバッターにだけはなりたくなかった。小森はあらゆ

試合後、スタンドへ向かって挨拶をする日田三隈高校野球部員

る試合の中で、プレーに打ち込みながらも、少し高い位置で試合を見ているようなところがあった。試合の流れを客観的に見ることが出来る選手だった。何カ月か後に試合を振り返っても、一球一球のプレーやサインをほとんど憶えている。状況にどう対応するかということを考えることの出来るプレーヤーだ。その小森にとって、打線は繋ぐことに他ならない。選手全員が役割を果たしながら、チームがいつも希望を持ったままプレーするのが野球だと考えていた。そんな野球観を持っている彼にとっては、自分が試合の幕引きをするのが一番許されない惨めな姿だったのだ。

彼の兄は強豪日田高校の野球部に入ったが、レギュラーの座を奪取できず、夏の大会で出場しないまま高校生活を終えた。小森はその分、一イニングでも多く試合をやりたかった。これで本格的な野球に区切りをつけると、気持ちの整理をして臨んだこの大会で、自分の役割を果たし、幕を引きたかった。彼が最後のグラウンドに染み込ませたのは、後悔の涙だ

挨拶の後、グラウンドにうずくまる小森君

った。

五時二十分、球場出口から選手が出て来た。黙々と道具を運び出す。試合終了から三十分以上過ぎても一様に沈んだ表情だ。

リリーフで登板し、押し出しの九点目を与えた裕輔は、先輩エースの湯浅に詫びを言うとその場で泣き崩れた。三年生の明日を摘み取った自分を責めている。湯浅は、「いいよ。気にするな」と肩を抱いた。

小森も同様に、アウトになったことが重罪であるかのように泣いている。大塚が慰めの言葉をかけようと歩み寄った。この三年生たちと野球に取り組んだ二年半、彼らを相手に何千回となく言葉を交わしてきたのに、最後になってかける言葉が見つからない。監督にとっても辛い時間だった。

しばらく感情を放出して選手たちに落ち着きが見え

大塚監督を胴上げする日田三隈ナイン

ると、誰からともなく、「やろうぜ」と、声がかかった。大塚の元へ集まる。嫌がる監督を引きずり出し、胴上げが始まった。敗北した監督の胴上げである。

選手たちは決して勝ったとは思っていない。みなそれぞれの悔いを残して野球に一つの区切りをつけた。彼ら自身も負けを認めた。ただ、今日のような正面からぶつかり合った負け試合を演じることが出来たのは、他ならない大塚のおかげだった。

選手の輪は松尾の方に向かった。彼はつとめて明るく振る舞っている。負けたことによる様々の感情が鎮まってみると、「見事な試合だった」と選手を誉める気持ちが沸き上がってきた。自分が育ててきたはずの選手たちは、晴れの舞台では親離れを果たし、自分たち自身で戦った。松尾にとっても、充実感あふれる試合だった。

「広いとこで上げろ。落とすなよ」と言って、選手

宙に舞う松尾コーチ

たちに身を委ねた。鬼コーチが宙に舞う。満面の笑顔で、空に向かって万歳をした。

菅原が、「八木先生」と叫んだ。

「俺はいい」

赴任して三カ月のコーチにとって、遠慮するのは当然かもしれない。選手たちは無理やり八木を引き込み胴上げした。いつもノックは松尾一人で打っていたが、今年の春に八木がスタッフに加わってくれたおかげで、二カ所になった。外野ノックの数が増えて守備が安定し、ピッチャーが安心してフライを打たせることが出来た。

一列になってキャプテンの菅原が挨拶する。

「今日、一日応援してくれてありがとうございました。結果は負けてしまったけど、僕たち三年生は、悔いが残っていません。これからは二年生が日田三隈高校野球部を引っ張っていけると思います。そし

八木コーチを胴上げする日田三隈ナイン

て来年の夏、今度は、来年の今日はたぶん……絶対校歌を歌っていると思います。また応援おねがいします」

このグラウンドで校歌を歌いたかった。彼らは練習が終わると毎日、日田三隈のグラウンドに並んで校歌を歌う。それは、「この夏、校歌を歌うぞ」という決意を呼び起こすためのものだ。それほど彼らは夏の一勝に飢えていた。敗北を続けた三十二年間という歳月で、遙か遠くに霞んでしまった一勝を呼び寄せるために、日の落ちたグラウンドで歌い続けたのである。日田三隈野球部員は、毎年、公式グラウンドで相手校の校歌を聞いてきた。今年も涙にくれながら、中津工業の校歌を聞いた。歓喜の涙を流しながら日田三隈の校歌を歌うのは、三十四年目に持ち越された。

大塚が前に出た。

「応援ありがとうございました。ベンチの中でもスタンドからの応援がよく聞こえて、それを後押しするかのように先制点が取れて、ベストを尽くしてきました。今日勝てなかったのは、勝たしてやれなかったのは、反省材料ではあると思います。ただ、選手は本当に与えられた役割をきちんとこなしてきて、そして、気持ちをずっと繋いできたと思います。学校でのみんなからの温かい言葉、一生忘れることはありません。またここまで一緒に戦ってきたメンバー、本当に宝物です。これからも学校生活の中でも一生懸命頑張っていこう思ってます。それから新チームになる一年生、二年生、この悔しさを来年何とか違う形で恩返ししたいなと決意を新たにしてます。本当に今日は遠いところからありがとうございました」

彼は、「勝たせてやれなかった」と言った。敗因は監督にあると思っている。選手を育てること、試合への準備怠りなくやること、勝利を呼ぶ采配、すべて含めて野球の勝因と敗因は監督にある。彼らにとって高校生活の総決算となるこの日の采配で、大塚は大きな責任を感じていた。

最後に村岡校長が前に出た。

「選手のみなさん、お疲れさまでした。私もずっと見させていただきましたが、前半は非常に押し気味で大変素晴らしい展開になると思っておりましたが、ちょっと不運もありまして、結果的にはこうなりました。しかし昨年に比べまして、大変生徒も力をつけてきたなと、このように思っております。来年は、キャプテンも言いましたように、必ずやこの球場で校歌が聞けるものと確信をしております。三年生の諸君はこれで最後になりましたけど、この日田三隈高校で培った精神力、体力、これを今後の生活に十分生かしてもらいたいと思っております。本当にお疲れさまでございました。また、保護者のみなさん、生徒の諸君、応援ありがとうございました」

菅原が一歩前へ出る。高校生活最後の号令だ。

「気をつけ、礼」

明日に向かって

敗北感

試合が終わって何日かたっても、選手たちは敗北を引きずっていた。

小森同様、長尾も完全燃焼していない。彼はこの先野球を続けるかどうかという話に、

「野球も何も、運動が出来ません。一年間体を治してから考えます」と答えた。

あの試合で一度エラーをした。タイムリーが打てなかった。体の切れがなくスケールの大きなプレーが影を潜めているように見えたが、野球自体が出来る状態ではなかったのである。

それでもレギュラー以上の力があることを認められてクリンナップを打った。いうことをきかない体を抱えながら、他に代わる選手はないほどの安定したプレーを見せた。しかしやはり、結果に満足していない。

「悔いが残ってます。チャンスが回ったのに打てなかった。自分が点を取れなかった悔しさしか残っていません。まだ反省してます」と言った。

選手たちは一様に悔恨の念を表したが、落ち込んだ精神を立て直すのに一番苦労したのは、大塚かもしれない。試合の後三日たっても、彼は采配を悔やんで練習に向かう気持ちが沸かないままでいた。

チームは新たなスタートを切っているのに、監督だけが相変わらず煮え切らない気持ちを見せている。松尾には大塚の気持ちが手に取るようにわかった。しばらく彼の心情を慮って静観していたが、いつまでも過去を断ち切らない姿に、いよいよ堪忍袋の緒が切れた。

グラウンドでの大塚監督

「先生、俺は三年生と一緒にこのチームに入ったんで、今年までは面倒見たいと思うちょった。やが、監督がそんなふうなら、無理してここにおらんでもええ。三年生と一緒に俺は辞める」

さすがに大塚にはこたえた。次の日から、精力的に指導する監督が戻った。そして明日のチームを求める毎日が始まったが、やはり大塚にとって総括は必要だった。チームが成長するためにも、一度客観的に見る必要があると思った。

あの試合を見ていた他校の監督から、「強くなったねえ」と誉められた。大会が終わって大分県の高校野球連盟が出した総評の中にも、「日田三隈高校は着実に力をつけていた」と高く評価してあった。周囲の目は一様に、指導の成果と選手の成長に目を見張った。

「それだけに、なおさら悔しいんですよ。結果を出せなかったし彼らの力を引き出してあげられなかった。有り難いけど、もう、慰めはいりません。もっと深いところで野球を見てみたいし、考えていきたい」

敗因を考え続け松尾に叱責されたが、やはり自分を見直すことは必要だと思った。

勝利への采配

監督が挙げたターニングポイントは、五回ツーアウトランナーなし、カウント2―0からの振り逃げだった。あれで継投が狂い、試合の流れを相手に持っていかれた。しかし、監督は、どの選手に慌てる癖があるかということくらい当然承知である。そういった選手の弱点をすべて折り込みずみで、このチームをグラウンドに送り出した。だから監督の敗北だ。

大塚は思う。黒く並んだオセロの駒を、監督の一手で真っ白にひっくり返す方策が全くなかったのか。あの時、もっと的確な言葉をかけてあげられたのでないか、流れを引き戻す用兵があったのでないか。

その答えは、まだ出ていない。

「あの時どうすべきだったか、自分でもまだわかりません」

八木が去年までコーチを務めた青山高校は、日田三隈よりも完成されたチームだった。選手が持つセオリーや判断力に一日の長がある。そのチームを毎日見てきた八木も、流れを変えた場面について、「あれで終わってれば何も起きなかったんだから」と、呟いた。野球に「たられば」はないと言われるが、見方を変えれば「たられば」で成り立っているゲームとも言える。その部分を咀嚼し直していかに成長出来るかを楽しむゲームである。

青山の教え子なら、落ち着いてアウトを取っていた可能性は高い。そこそこ完成されたチームを見てきた八木の常識からすれば、あってはいけないミスだった。しかし、評論家やコーチの目で見れば当然だと思えるセオリーが突然破れ、「たられば」が起こってしまうのも高校野球だ。八木はことあるごとに、「今は大塚先生と松尾先生の指導を勉強中です。この学校に来て、今どきこんな熱のあるチームがあるとは思いもよらなかった」と言う。

理屈を教え込んで強いチームを作ることだけが高校野球なのか。振り逃げを許したことが敗因だと嘆いたところで、指導者としての進歩はないと八木は思った。それがわかっているからこそ、大塚も松尾も心の中で未だに敗北を引きずっているのだ。

松尾はあの試合の後、「さあ、帰るぞ」と、満面の笑顔を作ってバスの運転席に乗り込んだ。その後新チームになってから、ノックで怒鳴る回数が減った。「技術的には県レベルで中の少し下まできたかな」と笑う。これを平均レベルまで上げる自信はある。ただ時折松尾を襲うのは、「彼らの取り組み方次第では放っておいてもそのレベルには届くのに、なぜ自分たちでそこまで辿り着かないんだ」という歯がゆさだ。自分がやらなくたって、この選手たちの力ならそこそこ上手くなる。彼が腕を振るうのは平均から上に残された伸びしろの部分だ。

選手のレベルが上がるに従って、指導者たちの心に、ある種の物足りなさが広がっているのも事実だ。これまでは、猛ノックで時にボールが顔を直撃するようなことがあっても、選手たちは彼らについて来た。火の出るような熱いボールを通して、指導者と選手は固く繋がっていた。

新チームに対してはそれほど激しいノックは必要ないだろう。もう少し効率的に理論的に教えた方が、選手の技術は伸びるかもしれない。そして練習試合を重ねてセオリーを体に染み込ませれば、夏の一回戦で堂々と勝てるチームを作ることが出来る。

しかし大塚はその方法論を採るのだろうか。

三十三年間、「最後の夏」に負け続けたチームが、その歴史を止めるのは時間の問題となった。緊張のあまりミスを演じるかもしれないが、失点を補う得点を挙げて勝利を得る実力を身につけるだろう。しかしそうであっても、選手たちに受け継がれた敗北の遺伝子によって、思いもよらない負の流れが生まれるかもしれない。その時に再び流れを手繰り寄せる力を生むのは、監督の采配である。そして監督が提示した方針に内包された、「思い」や「願い」といった心の底に渦巻く情念と共に戦うことが必要となる。それが成り立つ条件は、人と人との繋がりだ。

大塚にとって勝利の拠り所は、やはり情熱に裏づけされた練習で培われる絆である。チーム力が上がるに従って勝利のための方策を模索してきたが、最も大事な試合で、突然混乱した状況に対応出来なかった。もしあの時、泰然自若として「大丈夫だ」と一言声をかければ、「勝てる」という監督の信念が、太く堅固なネットワークによって外野の隅まで行き渡ったかもしれない。

夏が終わりチームが新しくなる度に監督の手掛ける仕事は、このネットワークを新たに構築することではないか。

再び灼熱の夏を

八月をもって、父母会は新体制になった。長尾の父が会長を務めた父母会は、長尾の兄が籐蔭高校から、小森の兄が日田高校からチーム強化のノウハウを持ち込み、家族一体となって勝利という目標を打ち上げた。練習試合こそが強化への最善の策だと、監督に協力を申し出て年間に八十数試合をこなした。強いチームは親のサポートが不可欠だということを知り、沖縄遠征にも大挙して出掛け、チームの世話をした。遠征用の中古バスも購入した。

「いやあ、こっちの方が力が抜けてしもうて」と、引退したばかりの長尾前会長は溜息をつく。父母にとっても、全力で駆け抜けた一年間だった。そして周囲の厚い助力によって、

彼らの戦いは続く

勝利への太いレールは敷かれた。その上を進むのは、グラウンドに立っている当事者たちだ。

九月のある日、ウォームアップが終わって新キャプテンがベンチへ駆け寄り、「何しましょうか」と監督にたずねた。

「何がやりたい」

「バッティングをやりたいです」

「そうか、じゃあ、やればいい」

数日前、自主練習をやりたいというので選手たちに任せた。次の朝、大塚がグラウンドに行ってみると、スパイクの後が残ったままでバットが一本転がっていた。彼は放課後、一番にグラウンドへ出て、黙って一人で整備をした。グラウンド全部をきれいに均《なら》してしまうまで選手たちは監督の気迫に圧され、どうしていいかわからずじっと見ていた。

「もう、野球をやる以前の問題です」

大塚のチームは、また振り出しに戻った。時計は四年五カ月逆戻りしたのだ。監督として選手たちに、野球に取り組む気持ちは何なのかを常々言ってきた。今の三年生ならわかっているはずだ。この違いは何なのか。自分の言葉がただの訓辞になってしまったからなのか。選手と激しくぶつかり、お互いに痛みと熱を感じるところからしかチームは成長しないのだろうか。

「はい」と言って選手のところへ戻るキャプテンを見て、松尾は「まだわかっちょらん」と、大塚と顔を見合わせた。

日田三隈高校野球部の有史以来、平均的な力を持ったチームからスタートするのは初めてである。選手には何の違和感もない前提でも、指導者にとっては体験したことのない日々が始まる。これまでは野球を通して人間教育に取り組んできた。だがこれからは、グラウンドでは野球そのものが中心になる。野球が上達する喜び、あるいは勝利の歓喜を通じて、努力する意味を摑んでもらうような人間教育が始まるのだろうか。

レベルが低くてまだチーム作りに汲々としていた頃、大塚は、「仮にどんなに強くなっても、教育とのバランスだけは崩したくない」と言った。極言すれば、新チームが力を伸ばして勝利の喜びを重ねることより、大塚は、これからも教育そのものをやりたいのではなかろうか。

初代部員の穴見や長澤は、未だにグラウンドに顔を見せる。二年目のキャプテンを務めた佐藤大作は、この夏の試合、泊まりがけで応援に駆けつけチームの面倒を見た。前日の開会式から応援に行きたいということを聞いた大塚は、「日田から毎日往復する交通費を考えると泊まった方がいい」と彼をホテルに迎え、寝食を共にした。野球の技術は上達しなかったが創生期の部員たちは、今でも大塚と共に野球をやりたいのだ。時折グラウンドに顔を出し、そこで試合に参加して大塚と共に戦っている。それが彼らにとっての野球であり、大塚にとっても野球の原点である。

これから日田三隈野球部はどう進むのか。

勝つチームへ邁進するにしろ、人づくりに立ち返るにしろ、必要なのはチーム全員に太い絆を結び直すことだ。そのために振り出しに戻ったのは幸いと言えるかもしれない。

チーム作りを一からやり直すには時間がかかるが、まだ十一カ月ある。ただし、人の絆を結ぶには充分な時間とはいえない。大塚、松尾、八木は、新しい課題にさっそく取り組まなくてはならない。しかし指導者は三人いる。全員で人間教育を試みれば、今まで以上に濃密な人間関係が築かれるはずだ。そうやって築き上げたチームが、大塚が求める作品だ。そして最後の最後に、監督は総仕上げの采配を振るう。それは他でもない、勝利への采配である。

グラウンドで選手たちは、決められた手順に従って淡々とバッティング練習を始めた。監督とコーチは静かにそれを見ている。指導者は、人間教育の方策を探るために、まず見ることから始めた。選手だけの練習は続く。

灼熱の夏を過ぎた日田三隈高校グラウンドで、新チームは静かに船出した。

資料　日田三隈高校野球部個人成績表

平成9年入学

笹倉　淳

	打席	打数	安打	二塁打	三塁打	本塁打	打点	三振	犠打	四死球	盗塁	打率
平成11年	78	68	13	1	1	0	8	13	3	7	1	0.221

杉野貴幸

	打席	打数	安打	二塁打	三塁打	本塁打	打点	三振	犠打	四死球	盗塁	打率
平成11年	116	96	19	0	1	0	5	15	6	11	8	0.208

樋口幸太郎

	打席	打数	安打	二塁打	三塁打	本塁打	打点	三振	犠打	四死球	盗塁	打率
平成11年	138	108	22	5	6	0	19	17	5	25	5	0.306

平川正和

	打席	打数	安打	二塁打	三塁打	本塁打	打点	三振	犠打	四死球	盗塁	打率
平成11年	134	114	19	1	0	1	4	22	4	16	6	0.184

毛利　勤

	打席	打数	安打	二塁打	三塁打	本塁打	打点	三振	犠打	四死球	盗塁	打率
平成11年	92	72	8	1	0	0	3	30	7	13	2	0.125

	登板数	勝	負	分	投球回数	安打	奪三振	四死球	失点	自責点	防御率
平成11年	29	2	25	0	185	272	59	123	231	195	9.486

平成10年入学

財津頼行

	打席	打数	安打	二塁打	三塁打	本塁打	打点	三振	犠打	四死球	盗塁	打率
平成11年	136	110	20	2	0	0	5	16	17	9	8	0.200
平成12年	138	92	18	1	0	0	10	11	17	28	6	0.207
平成13年	45	39	8	0	0	0	3	6	3	3	1	0.205
TOTAL	183	131	26	1	0	0	13	17	20	31	7	0.206

長尾真次

	打席	打数	安打	二塁打	三塁打	本塁打	打点	三振	犠打	四死球	盗塁	打率
平成11年	116	110	32	12	6	2	19	9	2	4	12	0.473
平成12年	86	73	16	5	1	1	15	1	5	8	11	0.315
平成13年	224	195	53	13	3	2	35	11	4	23	10	0.364
TOTAL	426	378	101	30	10	5	69	21	11	35	33	0.386

小森　遼

	打席	打数	安打	二塁打	三塁打	本塁打	打点	三振	犠打	四死球	盗塁	打率
平成11年	127	116	20	5	2	1	14	14	3	9	12	0.241
平成12年	120	102	19	11	4	1	22	6	3	15	9	0.343
平成13年	218	185	41	13	6	3	39	12	4	27	6	0.341
TOTAL	465	403	80	29	12	5	75	32	10	51	27	0.313

	登板数	勝	負	分	投球回数	安打	奪三振	四死球	失点	自責点	防御率
平成11年	2	0	1	0	8	13	1	19	28	26	29.25

菅原　健

	打席	打数	安打	二塁打	三塁打	本塁打	打点	三振	犠打	四死球	盗塁	打率
平成11年	83	72	8	0	0	0	5	15	4	7	1	0.111
平成12年	33	29	5	0	1	0	1	7	1	3	1	0.207
平成13年	46	38	5	1	1	0	8	5	4	4	4	0.184
TOTAL	79	67	10	1	2	0	9	12	5	7	5	0.194

	登板数	勝	負	分	投球回数	安打	奪三振	四死球	失点	自責点	防御率
平成11年	8	1	2	1	26	21	12	26	20	17	5.885
平成12年	9	2	2	1	36	43	25	34	30	29	7.250
平成13年	35	4	6	0	79	78	76	54	59	45	5.127
TOTAL	52	7	10	2	141	142	113	114	109	91	5.809

湯浅敬太

	打席	打数	安打	二塁打	三塁打	本塁打	打点	三振	犠打	四死球	盗塁	打率
平成11年	84	74	11	1	0	0	4	14	4	6	6	0.162

平成12年	91	73	16	3	2	1	14	4	6	11	3	0.301
平成13年	88	70	8	6	1	0	13	10	9	9	1	0.214
TOTAL	263	217	35	10	3	1	31	28	19	26	10	0.226

	登板数	勝	負	分	投球回数	安打	奪三振	四死球	失点	自責点	防御率
平成11年	13	2	2	0	57	66	28	38	45	44	6.947
平成12年	25	3	10	3	156	199	74	64	151	128	7.385
平成13年	36	9	13	2	171	195	105	90	126	83	4.368
TOTAL	74	14	25	5	384	460	207	192	322	255	5.977

平成11年入学
朝井將晴

	打席	打数	安打	二塁打	三塁打	本塁打	打点	三振	犠打	四死球	盗塁	打率
平成12年	95	80	25	2	0	0	11	7	10	4	1	0.338
平成13年	128	105	18	6	1	0	12	21	9	14	2	0.238

	打席	打数	安打	二塁打	三塁打	本塁打	打点	三振	犠打	四死球	盗塁	打率
平成14年	51	45	6	3	3	0	10	7	1	5	0	0.267
TOTAL	274	230	49	11	4	0	33	35	20	23	3	0.278

井上智弥

	打席	打数	安打	二塁打	三塁打	本塁打	打点	三振	犠打	四死球	盗塁	打率
平成12年	25	18	3	1	0	0	4	2	2	5	3	0.222
平成13年	68	52	9	1	0	0	5	5	5	11	8	0.192
平成14年	31	23	2	0	0	0	0	4	5	3	0	0.087
TOTAL	124	93	14	2	0	0	9	11	12	19	11	0.172

梅木博幸

	打席	打数	安打	二塁打	三塁打	本塁打	打点	三振	犠打	四死球	盗塁	打率
平成12年	127	109	24	7	1	0	16	11	7	12	9	0.294
平成13年	199	166	36	14	2	0	26	25	10	25	4	0.313
平成14年	100	82	15	7	2	0	10	13	9	9	3	0.293

	打席	打数	安打	二塁打	三塁打	本塁打	打点	三振	犠打	四死球	盗塁	打率
TOTAL	426	357	75	28	5	0	52	49	26	46	16	0.303

小野亮太

	打席	打数	安打	二塁打	三塁打	本塁打	打点	三振	犠打	四死球	盗塁	打率
平成12年	135	107	38	6	3	0	18	6	8	18	7	0.439
平成13年	282	213	38	10	1	0	9	21	38	29	3	0.230
平成14年	104	73	11	6	0	0	5	10	9	20	1	0.233
TOTAL	521	393	87	22	4	0	32	37	55	67	11	0.288

佐藤祐一

	打席	打数	安打	二塁打	三塁打	本塁打	打点	三振	犠打	四死球	盗塁	打率
平成12年	117	106	19	6	6	2	15	10	5	6	0	0.311
平成13年	140	114	23	9	5	0	29	11	6	13	11	0.325
平成14年	107	89	17	7	4	1	17	11	4	13	9	0.326
TOTAL	364	309	59	22	15	3	61	32	15	32	20	0.320

樋口和幸

	打席	打数	安打	二塁打	三塁打	本塁打	打点	三振	犠打	四死球	盗塁	打率
平成12年	111	95	18	3	1	0	7	14	6	10	3	0.232
平成13年	261	200	51	5	2	0	20	30	12	49	7	0.290
平成14年	93	69	12	1	1	0	5	13	5	17		0.203
TOTAL	465	364	81	9	4	0	32	57	23	76	10	0.258

吉田　啓

	打席	打数	安打	二塁打	三塁打	本塁打	打点	三振	犠打	四死球	盗塁	打率
平成12年	84	75	20	0	1	0	10	8	2	7	3	0.280
平成13年	132	105	14	2	3	0	8	22	13	15	2	0.181
平成14年	75	63	8	1	3	0	5	9	6	7	3	0.190
TOTAL	291	243	42	3	7	0	23	39	21	29	8	0.214

江藤祐輔

	打席	打数	安打	二塁打	三塁打	本塁打	打点	三振	犠打	四死球	盗塁	打率
平成12年	43	37	5	0	1	0	5	10	3	3	1	0.162
平成13年	63	52	7	3	0	0	3	12	3	6	0	0.192
平成14年	58	46	7	3	0	0	3	14	4	7	0	0.217
TOTAL	164	135	19	6	1	0	11	36	10	16	1	0.193

	登板数	勝	負	分	投球回数	安打	奪三振	四死球	失点	自責点	防御率
平成12年	16	1	6	0	47	69	27	78	71	76	14.553
平成13年	40	3	12	2	165	195	113	108	154	95	5.51
平成14年	24	7	13	2	153	159	89	90	106	54	4.765

平成12年入学

梅野浩二

	打席	打数	安打	二塁打	三塁打	本塁打	打点	三振	犠打	四死球	盗塁	打率
平成13年	17	14	1	1	0	0	3	4	2	1	1	0.143

	打席	打数	安打	二塁打	三塁打	本塁打	打点	三振	犠打	四死球	盗塁	打率
平成14年	35	26	2	1	0	0	4	11	4	5	1	0.115
TOTAL	52	40	3	2	0	0	7	15	6	6	2	0.125

小野拓磨

	打席	打数	安打	二塁打	三塁打	本塁打	打点	三振	犠打	四死球	盗塁	打率
平成13年	157	135	27	6	3	0	17	24	7	14	4	0.267
平成14年	140	118	24	6	7	0	13	15	4	17	10	0.314
TOTAL	297	253	51	12	10	0	30	39	11	31	14	0.289

河野政尭

	打席	打数	安打	二塁打	三塁打	本塁打	打点	三振	犠打	四死球	盗塁	打率
平成13年	14	11	0	0	0	0	0	1	0	3	2	0.000
平成14年	31	28	2	1	1	0	1	6	0	3	4	0.143
TOTAL	45	39	2	1	1	0	1	7	0	6	6	0.103

熊谷友輔

	打席	打数	安打	二塁打	三塁打	本塁打	打点	三振	犠打	四死球	盗塁	打率
平成13年	39	35	11	2	0	0	3	3	0	4	0	0.371
平成14年	56	47	13	1	0	0	5	12	0	10	5	0.298
TOTAL	95	82	24	3	0	0	8	15	0	14	5	0.329

後藤　望

	打席	打数	安打	二塁打	三塁打	本塁打	打点	三振	犠打	四死球	盗塁	打率
平成13年	29	24	5	0	0	0	2	2	0	3	6	0.208
平成14年	62	50	10	1	0	0	3	5	2	8	8	0.220
TOTAL	91	74	15	1	0	0	5	7	2	11	14	0.216

太郎良卓

	打席	打数	安打	二塁打	三塁打	本塁打	打点	三振	犠打	四死球	盗塁	打率
平成13年	3	3	1	0	0	0	0	0	0	0	0	0.333

	打席	打数	安打	二塁打	三塁打	本塁打	打点	三振	犠打	四死球	盗塁	打率
平成14年	6	3	0	0	0	0	0	2	2	1	0	0.000
TOTAL	9	6	1	0	0	0	0	2	2	1	0	0.167

山本悠介

	打席	打数	安打	二塁打	三塁打	本塁打	打点	三振	犠打	四死球	盗塁	打率
平成13年	24	20	3	1	1	0	6	3	0	3	1	0.250
平成14年	55	46	7	2	2	0	8	9	2	7	1	0.239
TOTAL	79	66	10	3	3	0	14	12	2	10	2	0.242

江藤　翼

	打席	打数	安打	二塁打	三塁打	本塁打	打点	三振	犠打	四死球	盗塁	打率
平成13年	125	108	23	6	3	2	17	3	2	13	4	0.315
平成14年	129	114	25	7	5	1	19	2	1	14	8	0.333
TOTAL	254	222	48	13	8	3	36	5	3	27	12	0.324

	登板数	勝	負	分	投球回数	安打	奪三振	四死球	失点	自責点	防御率
平成13年	24	5	6	2	96	82	66	60	73	47	4.765
平成14年	22	8	8	0	142	110	112	101	85	54	3.423
TOTAL	46	13	14	2	238	192	178	161	158	101	4.094

財津泰裕

	打席	打数	安打	二塁打	三塁打	本塁打	打点	三振	犠打	四死球	盗塁	打率
平成13年	41	37	8	0	0	0	4	8	1	4	1	0.216
平成14年	101	85	23	2	0	0	6	7	6	10	5	0.294
TOTAL	142	122	31	2	0	0	10	15	7	14	6	0.270

	登板数	勝	負	分	投球回数	安打	奪三振	四死球	失点	自責点	防御率
平成14年	4	0	0	0	9	16	3	2	2	4	4.000

竹尾和也

	打席	打数	安打	二塁打	三塁打	本塁打	打点	三振	犠打	四死球	盗塁	打率
平成13年	86	59	13	1	1	0	8	5	1	6	4	0.254
平成14年	78	72	13	2	0	0	5	6	3	3	3	0.208
TOTAL	164	131	26	3	1	0	13	11	4	9	7	0.229

	登板数	勝	負	分	投球回数	安打	奪三振	四死球	失点	自責点	防御率
平成14年	3	0	0	0	5	3	3	7	5	5	9.000

マネージャー

平成9年入学　坂口天希
平成10年入学　田中陽子
平成11年入学　梶原智恵
平成12年入学　黒木笑子・田中　葵

野球部ホームページアドレス

http://www.h2.dion.ne.jp/~gtotsuka/

あとがき

二〇〇一年九月、新しいチームは秋の九州大会予選に臨んだ。

初戦は高田高校である。日田三隈は五回までに9対1とリードしていたが、六回に一挙11点を失い逆転された。しかし八回に5点を取り、結局14対13で乱戦を制した。

続く二回戦は情報科学高校との試合。日田三隈は小刻みに得点を挙げ八回までに4対2とリードする。しかし九回表に2点を取られ、同点で延長に入った。そして十一回裏、日田三隈はワンアウト満塁から犠牲フライでサヨナラ勝ちを演じた。

三回戦は国東高校に3対13で敗れたが、日田三隈が公式大会で二連勝したのは、野球部の有史以来である。新チームは、見事に歴史の幕を開けた。

二〇〇一年の日田三隈を振り返ると、まず春に勝利を挙げ、その秋に二連勝した。しかしこの二大会は継続していない。春の大会に臨むのは夏に向かう成長途上のチームであり、秋は三年生が引退して新たに誕生したばかりのチームである。選手たちは、これから二〇〇二年夏に向かっての一歩を踏み出したに過ぎない。

　菅原君たち三年生が引っ張ったチームは、着々と力をつけ春の勝利を得ながらも、最後の夏で力を出せぬまま敗北を喫した。大塚監督と新チームの選手たちは、秋の二連勝が十カ月先の決戦に向かう一つの指針に過ぎないことを知っている。新たな挑戦は、始まったばかりである。


　このノンフィクションを取材するきっかけは、二〇〇〇年夏だった。ある雑誌で、日田三隈高校が日本で一番勝てないチームだということを知り、恐る恐る監督に電話をした。この記録から見て、日田三隈高校では素人の監督さんが野球部を引き受け、生徒と一緒にスポーツの楽しさを味わっているのだと想像していた。そんなチームにとっては敗北はひとつの結果であって、野球部の存在自体にさして大きな意味を持たない。そこへ他人が連敗記録だけに興味を持って赴くのはあまりに失礼である。しかし興味や関心は入り口であって、その先は何が生まれるかわからない。ともかく一度練習を見せて欲しいと頼んだ。

　電話に出られた監督は若くてソフトな声色で、少し拍子抜けした。やはり同好会程度かもしれないと思った。何日か後に日田三隈高校へ行ってみると、どこも恥じるところのない立派な野球部が練習していた。毎年コールド負け続きとは思えないほど、プレーの出来る生徒が揃っていた。

「どうしても勝てない集団」を描けるかなと思い立った取材だが、現場を見て、「勝つための道程」が書けるかもしれないと感じた。その日に、翌年の夏まで一年間を区切りとして書こうと決めた。

取材を始めてみて、勘は当たっていた。監督はチーム強化の体制を着々と整え、コーチは戦力を向上させるため、必死で仕事に取り組んでいる。指導者と選手のモチベーションが、明らかに勝利へ向かっていた。

ストーリーとしては、夏まで負け続けた方が格好がつくな、という不謹慎なことを思ったが、春に、予想だにしない勝利を得た。その頃はチームの一ファンになっていて、スタンドでメモを取りながら、やはり涙が出た。勝つとはこんなにいいものかと思った。同時に、勝利のストーリーを生かさない手はないと考えた。

それから夏に向けてチームは成長したが、勝てるという確信は最後まで見えなかった。湯浅君の故障もあり、「その時になってみないとわからない」という要素が多すぎた。この不定要素が多かったことが、監督の采配を迷わせたのかもしれない。

ストーリーとしては、最後の夏に勝った方がよかったのか、負けにこそ真実が見えたのか、よくわからない。選手たちにとっても、勝ち負けどちらの方が大きな糧になったのだろうか。監督や家族、学校関係者からは、「選手たちはよくやった」という称賛の声が聞こえた。しかし敗者の中から、「俺たちはよくやった」という声が出なかったこと、それこそが、大きな収穫だったのではなかろうか。「よくやった」という評価を当事者が下した時、進歩の足は止まるのだろう。

この取材を終えて、三年生が敗者として高校野球を終えたことが大きな事実として残った。彼らは「敗北」という現実を正面から受け入れた。負けを前提としていれば、自分自身に対して「それでもよくやった」と納得することが出来る。彼らは勝利を求めていたからこそ、敗北感を払拭出来なかったのだろう。少年たちは野球教育によって、現実を受け入れることの出来る人間に育った。そういった意味で、大塚監督の目指した教育は一応の成果を得たといえよう。

大塚監督は周囲の高い評価を受け入れながら、「だからこそ負けたのが悔しい」と言った。敗北という事実を受け入れ、そこから安易に慰めを求めずに敗北の意味を咀嚼している。松尾、八木両コーチも同様である。選手同様、指導者も敗北を糧に一歩踏み出そうとしている。

つまり、日田三隈高校野球部にとって敗北の事実は、選手のみならず師弟が同じように教育の果実を享受して成長していることに繋がっているといえまいか。

高校の部活は毎年新しいメンバーでチームを作る。指導者は、一年の期間で新しい集団、新しい社会を作る宿命を帯びている。大塚監督が取り組んでいることは、継続しているようだが、構成メンバーによって全く性格の違う社会を作り上げる作業なのだろう。かつての流行歌に「三歩進んで二歩下がる」という歌詞があったが、高校野球はまさに、八月まで進んで三年生が引退するとまた後退し、新たに歩を踏み出すことの繰り返しである。そこで差し引き一歩進めるかどうかが、チームの成長といえよう。

ひとつのチームを見て弱点を探すことは出来る。重要な試合のポイントを論《あげつら》うことも難しくはない。しかし高校野球をそういった「点」で論じるのではなく、メンバーは変わっても集団が継続して成長する「線」で見ることが必要ではないか。日田三隈高校野球部を見続けて、そんなふうに思った。


なお、この作品は縮小版として「スポーツニッポン」紙で連載されましたが、編集局の中島泉さんに大変ご尽力いただきました。また、これまで数々のスポーツノンフィクションを書く過程で、「Number」編集部の方々、およびスポーツライターの後藤新弥さんにご指導いただきました。みなさまの励ましが、この作品を上梓する力となりました。ありがとうございました。
最後に、このノンフィクションを執筆するにあたってご協力いただいた、大分県立日田三隈高等学校の村岡秀俊校長始め、学校関係者の方々、野球部OB会のみなさん、野球部父母会のみなさん、および野球部関係者の方々に厚くお礼申しあげます。

二〇〇二年二月

井上光成

写真撮影・井上光成／写真提供・大分県立日田三隈高校野球部

井上光成（いのうえ・こうせい）
1955年，福岡市に生まれる。1968年，メキシコオリンピックで，ディック・フォスベリーが背面飛びという革命を起こしたのを見て以来，「歴史の目撃者」になる興奮を求めてスポーツシーンを追う。1985年，スポーツノンフィクションを書き始める。1994年，佛教大学社会学部を卒業。現在，スポーツ心理学会会員。著書に『外されたテント』（プロジェクト福岡）がある。主な仕事に，スポーツドキュメンタリー、「45ミリに映った鷹戦士達」（ＴＶＱ制作)。「月刊ホークス」誌，「スポーツニッポン」紙などにてノンフィクションを連載。ホームページ「スポーツ・インナーゲーム」，公開メールマガジン「負け犬でも良いじゃないか！で終わりたくない人たち」を配信している。
ホームページアドレス＝ http://www.f3.dion.ne.jp/~masago/

遙《はる》かなる甲子園《こうしえん》
大分県立《おおいたけんりつ》日田《ひた》三隈《みくま》高校《こうこう》野球部《やきゅうぶ》

■

2002年３月１日　第１刷発行

■

著者　井上光成

発行者　西　俊明

発行所　有限会社海鳥社

〒810-0074 福岡市中央区大手門３丁目６番13号

電話092(771)0132　FAX092(771)2546

印刷・製本　有限会社九州コンピュータ印刷

ISBN 4-87415-380-1

http://www.kaichosha-f.co.jp

［定価は表紙カバーに表示］

海鳥社の本

「ニッポン・プロ野球」考　坂井保之

野球がわが国にもたらされて百有余年．スポーツ文化としての日本プロ野球の現在を鋭く分析する．東京オリオンズのフロントに加わり，以後，太平洋クラブ，クラウン，西武，ダイエーの各球団代表をつとめた著者が語るプロ野球の現在．　1553円

僕の愛した野球　杉浦　忠

小学４年生，終戦の年，初めて野球と出合う．甲子園をめざした高校時代．長嶋らとつくった立教大学野球部の黄金時代．南海ホークスでの日本シリーズ４連投４連勝．監督として南海からダイエーホークスへの転換……．華麗に舞った背番号21が初めて語った野球人生．　1553円

わが青春の平和台　森山真二

西鉄ライオンズを育み，47年の歴史に終止符を打った平和台球場．奇跡の逆転優勝，日本シリーズ４連覇など，さまざまな歴史を，稲尾，中西，豊田，仰木など胸を熱くした男たちに，野球記者として平和台球場に関わった著者がインタビュー．熱い青春の日々が今語られる．　1700円

監督一代　喰田孝一

東筑野球部の34年間の監督生活を振り返り，全国の高校野球界に「喰田野球」として喧伝された東筑高校野球部の活躍の秘密を語り，教育の場での野球を考える．懸命に白球を追う子どもたちを愛し，なによりも野球に魅せられ，勝利を求めた男の物語．　1456円

不滅の闘魂　アントニオ猪木

1998年４月４日東京ドーム，38年間の現役生活からの引退試合を行ったアントニオ猪木が，ＵＦＯ（世界格闘技連盟）を設立し，小川直也らと新たな歩みを開始した．いま，生い立ちからＵＦＯまで，そのすべてを語る．　1600円

＊価格は税別